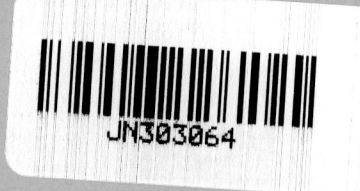

藤田浩子の

赤ちゃんのあやし方・育て方

0歳からはじまる人づきあい

藤田浩子＊編著
保坂あけみ＊絵

わらべうた・あやしうたのCD付

一声社

藤田浩子の

赤ちゃんのあやし方・育て方

0歳からはじまる人づきあい

“人と人とのかかわりを育てる（赤ちゃん編）”『あやす・あそぶ』（全3巻）改定新版

はじめに

赤ちゃんを育てる原則は簡単です。赤ちゃんがして欲しいこと、赤ちゃんが喜ぶことをしてあげればいいのです。原則は簡単なのですが、何も言わない赤ちゃんが何をして欲しがっているのか、それがなかなかわからないから困るのです。

赤ちゃんが何をして欲しがっているのかを知るためには、赤ちゃんをよく見なければなりません。と言っても黙《だま》って見つめる人はいないでしょう。たいてい何か語りかけます、それも歌うように語りかけます。「たろうちゃん、かわいいね」ではなく「たぁろうちゃぁん、かわいいねぇ」という具合に。それがもう「あやす」ことです。「赤ちゃんを見て、話しかけたり、歌ったりして、赤ちゃんを喜ばせること」が「あやす」ことなのです。

「あやす」という言葉は「綾《あや》なす」からきているのでしょうか、「愛子（あやし・宮城県にこういう地名があります）」からきているのでしょうか。語源はともかく、「あやす」ということは、赤ちゃんを愛《いと》しく思う大人が、赤ちゃんに向き合って、語りかけ、歌いかけ、笑いかけながら、心を通わせることです。赤ちゃんと綾なすようにかかわることであり、赤ちゃんを楽しませて、赤ちゃんと大人が信頼関係を築く手段なのです。

赤ちゃんが生まれたらしっかり赤ちゃんと遊びましょう。そうすればお互いに楽しいし、強い絆で結ばれます。その絆はその後の子育てもぐんとラクにしてくれます。親になったら、自分の快楽を求めて楽しむという楽しみ方ではなく、他人（赤ちゃん）の世話をすることで楽しむという方法で楽しんでみませんか。それは自分を犠牲にするとか、自分をなくすということではありません。自分を大事にすることのできない人に、他人（赤ちゃん）を大事にすることはできませんからね。自分を大事にしながら他人も大事にし、他人を楽しませながら自分も楽しむという方法です。

近年、大所帯《じょたい》の家族構成から核家族構成になり、人と人とのつきあい方をしっかり身につけないうちに結婚してしまうことが多くなりました。結婚して相手にどうやって合わせようかと苦労しているところに、もう一人やっかいな存在の赤ちゃんが出現、このやっかいな者はこちらの扱い方如《い》何《かん》で、どんどんやっかいな存在にもなっていくし、すばらしく幸せな時を与えてくれもします。子育てという仕事は世界一すばらしい仕事なのですが、中途半端な気持ちでとりかかると、赤ちゃんも満足せず、親も満足できず「手がかかって大変！」という思いばかり残ります。

「子育て」の方法を学ぶには、他の人たちの子育てを見るのが一番なのですが、そんな機会のなかった方々のために、この本では赤ちゃんの喜ぶことをいろいろ紹介しています。赤ちゃんをよく見て、歌いかけ、話しかけ、笑いかけて、 赤ちゃんとじっくり遊びましょう。せっかく親になったのです。赤ちゃんから世界一すばらしいときをもらいましょう。

この本は、2003 年に刊行した『あそぶ・あやす』①～③巻を一冊にまとめたものです。まとめるにあたって、現状に合わせて少し加筆しました。

もくじ

3 立っちから あんよのころ

4 わらべうたであそぼう

第1章

首のすわるころまで

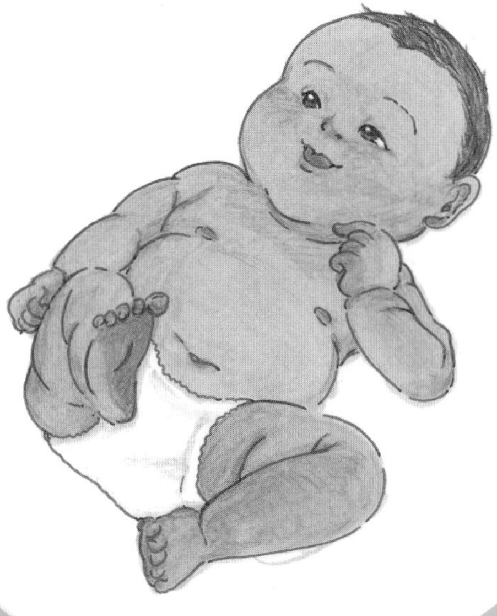

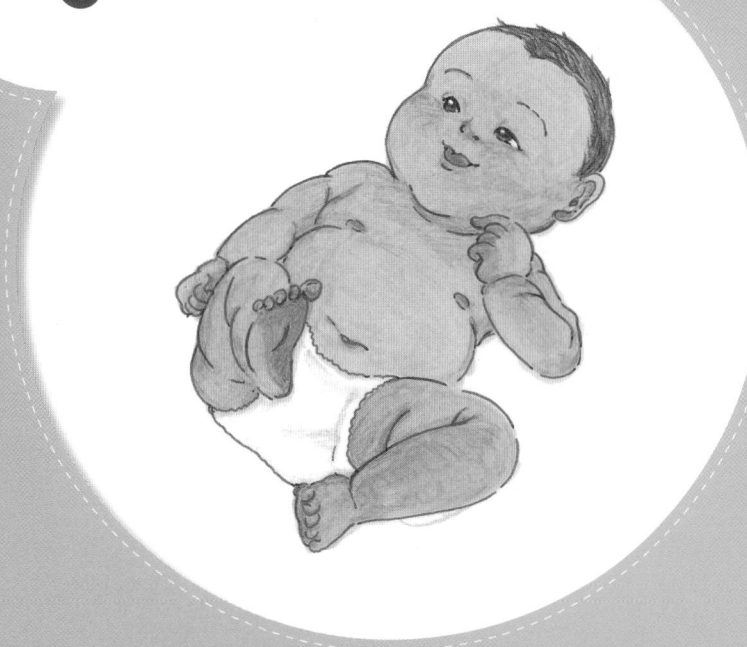

1

首のすわるころまで

首のすわるまでのこの時期は、人間界に仲間入りした赤ちゃんを、私たちが受け入れ、お互いを確かめ合う時期です。赤ちゃんは眠っていることが多いのですけれど、目を覚《さ》ましたら笑いかけ、おっぱいを飲ませながら見つめ合い、おむつを取り替えながら語りかけたり歌いかけたりします。この時期テレビは、見つめ合い確かめ合うことの邪魔《じゃま》をするだけです。大人が見たければ、赤ちゃんの寝ているときに、別の部屋で静かに見ましょう。

今まで大人同士のつきあいしかしてこなかった人にとって、赤ちゃんは扱いにくいかもしれません。赤ちゃんは私たちと同じ人間なのですが、まだ人間になりきっていない部分もたくさんあります。赤ちゃんが人間らしい人間に育っていくために、私たちは、赤ちゃんが何を聞きたがっているのか、何を見たがっているのか、何をやりたがっているのか、まずは赤ちゃんをじっくり見てみましょう。そして、赤ちゃんが喜んでくれるやり方で、一緒に遊んでみましょう。

あら
おっきしてたの

見つめ合う

私たちが赤ちゃんを抱いて赤ちゃんを見つめると、赤ちゃんの目はちょうど私たちの目と合うようになっています。赤ちゃんがどの程度見えるのかはっきりしたことはわかりませんが、だっこをしながら、おっぱいを飲ませながら、私たちが見つめてあげると、赤ちゃんも目を開けていれば、じーっと私たちの顔を見つめ、安心してそのかかわりを喜びます。見つめ合うこと、それが人と人とのかかわりを学ぶ第一歩です。

たとえカタブツの先生でも、バリバリの商社マンでも、おすましのマドンナだった人でも、赤ちゃんの前ではただの親、まず肩の力を抜いて、顔の筋肉をほぐして、赤ちゃんに合わせた声で、赤ちゃんに合わせた顔で、向き合いましょう。赤ちゃんは、まばたきもせず（実際にはしていますが）じーっと、見つめてくれます。大人が恥ずかしくなるほどです。その信頼に応えましょう。

「いい子ねぇ」「…しますよぉ」のように語尾に「ぇ」や「ぉ」など小さい「ぁぃぅぇぉ」がつくような言いまわしはやさしく聞こえます。語尾に「っ」がつくと「だめっ！」「わかったっ！」と相手を拒絶するように聞こえます。

「ここにいるのはとうさん」のあそび方は 120 ページ
「おくびはかっくりこ」のあそび方は 142 ページ

ほほえみかける

赤ちゃんは、生まれてすぐにも笑ったような顔をします。それは相手を意識しての笑いではなさそうですけれど、まわりの人は「あら、笑った」「ほら、笑ってるよ」などと言ってほほえみ、結果として赤ちゃんにたくさんの笑顔を見せてあげることになります。赤ちゃんもうれしいでしょう。

見つめ合って育った赤ちゃんは、１か月も経つと本当の意味でほほえみます。赤ちゃんにほほえみかけられたら誰だって、最大級の「いいお顔」でほほえみ返したくなりますよね。とは言うものの、笑顔ってなかなかむずかしいものです。１日中赤ちゃんにふりまわされた上に授乳で夜も眠れない、となると笑顔も遠のいてしまいます。そんなときです、まわりの人の思いやりのある「笑い」が効果をあげるのは。赤ちゃんにほほえみかけることも大事なのですが、赤ちゃんのお世話をする人が笑っていられるようにすることも大事です。

赤ちゃんは今「笑う」ことを学んでいるところです。大人がもっと笑いましょう。笑い合いましょう。

話しかける

赤ちゃんは、音に反応します。人が近づく気配《けはい》がしたり何かの音がすると、そっちを向いたり (目だけ動かすことができないので、頭ごと、体ごと向きを変えます)、それまでの動きをやめたりします。そんなとき「おはよう」とか、「あら、おっきしていたの」とか、「いい子ねえ」などと語りかけます。赤ちゃんは大人がしゃべったり歌ったりする、その口許《くちもと》をじっと見ながら聞いています。大人はそれを意識して、赤ちゃんと向き合って、なるべくゆっくり話します。

赤ちゃんが興味を持っているようだったら、口の変化がよくわかるようなあやしうた、舌を出し入れする「れろれろ」(あそび方は 123 ページ) だの、合わせた唇《くちびる》を勢いよく開く「っぱ」(あそび方は 123 ページ) だの、口をとがらせて言う「ちゅちゅちゅ」だの、いろいろな音で遊んでみましょう。

親が話しかけても赤ちゃんが応えるわけではありません。でも、赤ちゃんはしっかり聞いて言葉を蓄《たくわ》えているのです。言葉こそ出しませんが、赤ちゃんはしっかり見て聞いて会話をしているのです。

赤ちゃんは音の種類と出どころを確かめようとしています。それが「音を選んで聞く」力につながります。

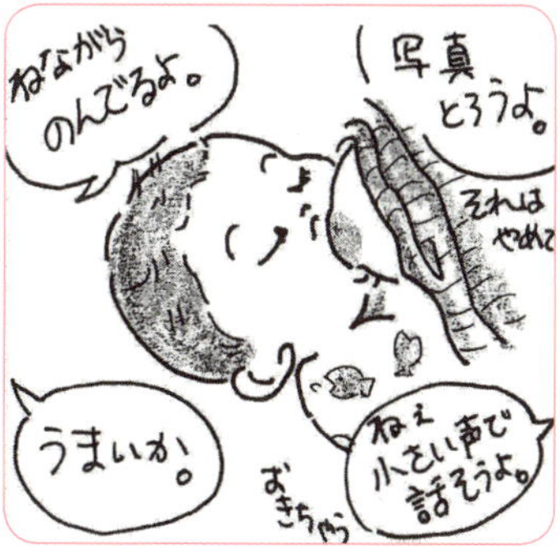

ばかになって寄り添う

福島には「ややこ一人　ばか三人」という言葉があります。三人というのはたくさんという意味です。「ばかにならねと　ややは育たね」という言葉もありますが、つまり、赤ちゃんが生まれたら、まわりの人は赤ちゃんに向き合ってばかになりましょう、ばかにならないと赤ちゃんは育ちませんよという意味です。

いい大人が「れろれろ」だの「ばぁ」だのやるので「ばか」という言葉が使われますが、本当は赤ちゃんの気持ちを理解して、赤ちゃんに寄り添っている「賢《かしこ》い大人」がいないと育たないということです。

人間として生まれた赤ちゃんを人間に育てていくこのとき、赤ちゃんと向き合って、赤ちゃんと遊びましょう。はたから見ると一見ばかみたいに見えるとびきりの笑顔で、赤ちゃんの好きなゆっくりした言葉を、心と一緒に届けていきましょう。

生まれたときから向き合って、見つめ合って、言葉をかけ合って、「人とのかかわり」をしっかり教え、「人間」に育てていこうとする、これこそが本当の意味の「早期教育」です。

遠慮《えんりょ》することはありません。肩書きだのプライドだのというようなものはぜーんぶとっぱらって、大人相手には見せたことのないようなとびきり「いいお顔」で笑いかけてあげてください。その笑顔があなたと赤ちゃんをしっかり結びつけます。

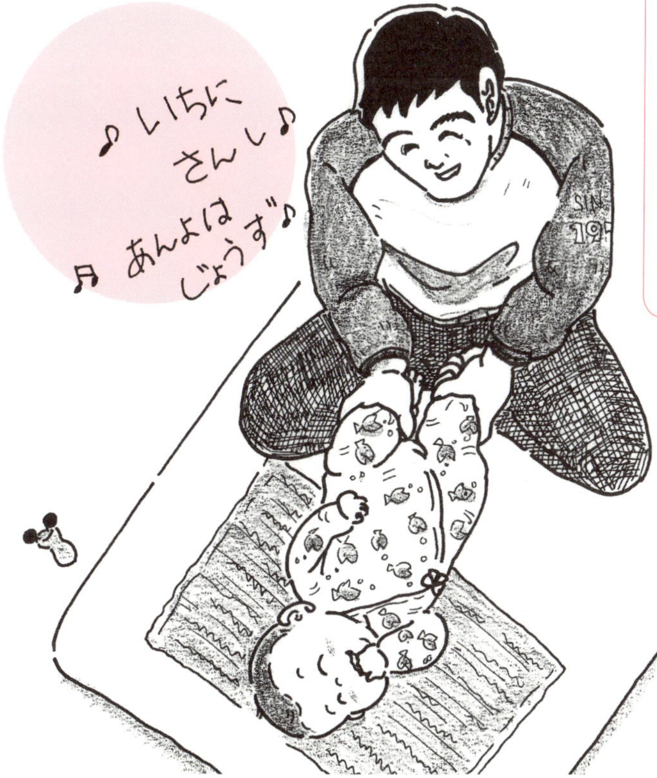
♪いちに
さんし♪
♪あんよは
じょうず♪

たのしそー

1人目のとき
ヨレ
ヨレ
お願い
かわって…。
オレが抱っこするとよけい泣いて、泣きやまなくなるぞ。いいのか？
オレじゃダメなんだよ。
2人目のとき
はい。"いいお顔"してね。笑って、笑って ほら、見てるよ。
ん
夫に、産まれてすぐから、「"いいお顔"を見せてね。」と言っていたら、不思議と泣きません。
会社では見せられないよなー。

「あんよはじょうず」のあそび方は 147 ページ

人の声をたくさん聞かせる

第三者が聞いたらおかしく思うかもしれませんが、賢《かしこ》い親は赤ちゃんに、自分の行動をいちいち言葉にして話しかけます。「今おむつを持ってくるからね、ほぉら持ってきたよ、さあ取り替えようね」「パン焼いているの、これがお母さんのお昼ごはんよ」などです。それもちょっと節《ふし》をつけて、「パン焼いてるぅのよぉ」と言えるようになったら立派な「ばか」です。まわりの人の声や様子に反応し始めるこの時期、静かな環境の中で、身近な人の肉声をたくさん届けてあげたいのです。

一方的に機械から流れてくる音ではなく、人と人との「やりとり」の中で赤ちゃんに言葉を届けたいのです。私たち大人はたとえ一方的に語りかけていたとしても、赤ちゃんがにこっと笑えばそれに応えて「そう、お母さんとおはなしするのがうれしいのねぇ」などと言うし、むずかったら語りかけながら抱き上げてゆすったりしますものね。それが「人と人とのかかわり」を育てているのです。

お母さんの「お楽しみ」も必要です。お友達とのおしゃべり、大いに楽しんでください。赤ちゃんは大人同士のやりとりをじっと聞いているでしょう。

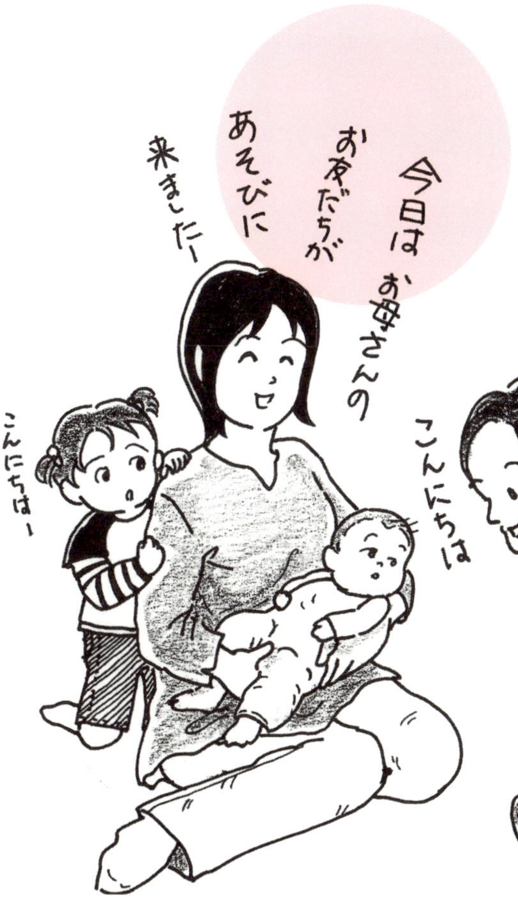
今日は お母さんの お友だちが あそびに 来ました－
こんにちは
こんにちは－

1人目のとき
今日のお昼は 朝の残りです。いただき ま～す。
あー
もしかして、はじめての 会話
かんどー
でも、たまには 大人と 会話したい…
ねー。
おー

赤ちゃんの「聞く」力

私たちが普通「聞く」というときに意味するのは、「選んで聞く」ということです。「選んで聞く」というのは、「自分の聞きたい音だけ聞いて、聞きたくない音は聞かないようにする」ということです。この時期の赤ちゃんには、まだそういう能力がそなわっていないのだそうで、聞きたい音だけ聞くということができません。ですからつけっぱなしのテレビの部屋にずっと寝かせておくと、赤ちゃんはすべての音をもとの音量で受け止め、しまいには脳を通らない回路を作って、機械からの音だけでなく、私たち人間の声も含むすべての音を聞き流すだけになってしまうかもしれません。日本語をしゃべるテレビの前に寝かせておけば日本語を覚《おぼ》え、英語をしゃべるビデオの前に寝かせておけば英語をしゃべるようになると思っていた方もいましたが、赤ちゃんにとっては、一方的に流れてくる「うるさい音」でしかなかったようで、その後日本語の「おしゃべり」ができるようになるまで、ずいぶん時間がかかってしまいました。

ピーポー
ピーポー
シャン
シャン
ガタン ゴトン
でんしゃ
DoKaaN
PANCH!
おはよう
おはよう
おきなさい
おきなさい
ぞーうさん
ぞーうさん
おはながー♪

ある家でのひとコマ
Big
Hungry
Hey!
A
OK
バイリンガルにしようと思ってさー。ビデオ教材買ったのよぉー。思いきって。
めざせ、国際人なーんてね。
英語
英語
A B How D
A
C are you
Thank you
Hey
E F G A B C D H
Hey Boy
数年後
○○○ちゃん！こっち見て！
きこえねぇ〜、

赤ちゃんの好きな音

赤ちゃんと「会話」をしていると、赤ちゃんは「ゆっくり」「歌うような」語りかけが好きだと、すぐ気がつきます。それが「わらべうた」です。静かな環境の中で赤ちゃんと向き合って、赤ちゃんのリズムに合った速度で語りかけ、歌いかけましょう。大勢《おおぜい》で一度に語りかけたり、テレビの鳴っている部屋で歌いかけたりすると、赤ちゃんはすべての音をしっかり受け止めようとしますから、楽しむより先に疲れてしまいます。

せっかく赤ちゃんがしっかり見よう、しっかり聞こうとしているこの時期、相手をする大人がしっかり見つめ、しっかり語りかけてあげないと、相手を見ながらしっかり聞くという習慣が身につきません。幼稚園や小学校に行くような年齢になっても、話している相手の顔を見ながらじっと耳を澄《す》ますということが、むずかしくなってきます。

どうしても静かな環境が作りにくい場合は、せめて1日30分、赤ちゃんと静かに向き合える時間を作りましょう。それだけでも違います。

嫌いな音

- 次々と変わる音
- 早すぎる音
- 大きすぎる音
- 混ざっている音
- 絶え間のない音
- 高低がありすぎる音

好きな音

- 静かな音
- 心地よい体験と一緒に聞く音
- 気持ちと手触りが一緒に感じられる音
- 一種類ずつ聞こえてくる音
- ゆっくりしたリズムの音
- 穏やかな語り口の音

人が、お祝いで大勢きてくれたことは、
喜ばしいことだけど、
こっちだよー
がやがや
はじめてのお疲れ経験。
おっぱいも飲まずに半日もねてるよ。
私も疲れたけど…
ぐったり

歌うように語りかける

ゆっくり語りかけると、自然に節《ふし》（メロディー）がついてきます。そして節がつくと、自然に高めの音になります。赤ちゃんは、普通の大人の声より少し高い周波数に共鳴《きょうめい》するのだそうです。そんな科学的なことを知らなくても、体験的に気づいていたのでしょう、私たちは赤ちゃんに語りかけるとき、少し高めの声でしゃべります。そして語尾を少し上げます。赤ちゃんがそういう語りかけを喜ぶことを、親の勘《かん》でわかっていたのでしょう。

歌うように語りかけると、少し高めの音になるし、ゆっくりになるし、リズミカルになるし、赤ちゃんにとって心地《ここち》よく聞こえるようです。それが「わらべうた（あやしうた）」です。特にこういう言葉で、こういう節でということはありません。「いい子はどぉこ　いい子はこぉこ　いい子は○○ちゃん」（あそび方は116ページ）などと、ゆっくりと繰り返しの言葉を歌いかけてあげると、じっと聞いているような様子をします。

赤ちゃんは歌ってくれる人の言葉だけではなく、歌っている人の気持ちもしっかり受け止めています。ですから、泣きやませようとすればするほど、赤ちゃんもイライラするのです。

「いいこだいいこだ」のあそび方は 116 ページ

歌を歌う

わらべうたや童謡なら、なおいいかもしれませんが、童謡でなくともいいのです。赤ちゃんのリズムに合わせて、私たちの好きな歌やお得意な歌を歌ってあげると喜びます。少しぐらい音程がはずれていたって、うるわしの声でなくたってかまいません、疲れを知らない「機械の音」ではなく、「人の声」で歌ってあげます。歌い疲れたらやめればいいのです。私たちが歌い疲れたころには、赤ちゃんだって聞き飽《あ》きてくるでしょうからね。機械の音は赤ちゃんが聞き飽きても、歌い続けます。赤ちゃんがくたびれていることに気づきません。

赤ちゃんの首がすわったら、家事をするときに、おんぶをするのもいい方法です。おんぶをして、お料理をしたりお茶碗を洗いながら、歌ってあげると喜びます。童謡やわらべうたのＣＤなども出ていますから、家の中でも車の中でもそれをかけたくなりますが、それは大人が覚《おぼ》えるためで、赤ちゃんにはやはり、肉声で歌ってあげてください。

この本にもわらべうたの CD をつけていますが、それは赤ちゃんをあやすときの参考にしてください。赤ちゃんにはご自分の声でどうぞ。

おおーきな♪
のっぽの
ふるどけぇいー♪
おじいーさんの
とけいー〜♪

先日、日ごろのストレス解消とばかりに…
こっちが泣きたい…
あ〜ん
家で1日じゅうカラオケしてたら…
うるさい
実はカラオケ大好き一家
次、オレね。
その夜、一晩中ひどい夜泣き…。
もしかして、昼間のおかえし?
ギャン
ギャン
ギャン
まいりました。
ゆるして!

赤ちゃんの声を返してあげる

２か月もすると、赤ちゃんは泣き声だけでなく、「アー」だの「ウー」だの「オックン」だのという、喃語《なんご》といわれる音を出すようになります。そうしたら私たちもその赤ちゃんの言葉をすくい取って、「そう、アーアーね」とか「オックンオックン言えるねえ」など、赤ちゃんの言葉を返してあげながら、赤ちゃんを見つめてあげます。すると赤ちゃんも喜んで、また「アー」と言いながら見つめ返してくるでしょう。そしてまた私たちが、「そうそうじょうず、アーアーね」と言いながら見つめ返します。この「見つめる、見つめ返す」「語りかける、語り返す」「笑いかける、笑い返す」というやりとりを赤ちゃんのときにたっぷりしてあげます。これは子どもにとって、これからとても大事になってくる「しっかり見つめる」「しっかり聞き取る」という訓練の第一段階でもあるのです。一方、お母さんやお父さんになりたての人にとっては、「子どもをしっかり見る」「子どもの言うことをきちんと聞く」という訓練の第一歩です。

赤ちゃんは自分のこぶしを見つめながら、「アー」「ウー」と一人で楽しげに言っていることもあります。自分の声を確かめているのでしょうか。そんなときはしばらくそっとしておくのもいいかもしれません。でもそのまま放っておくのではなく、赤ちゃんの一人遊びが一段落したら語り返してあげましょう。

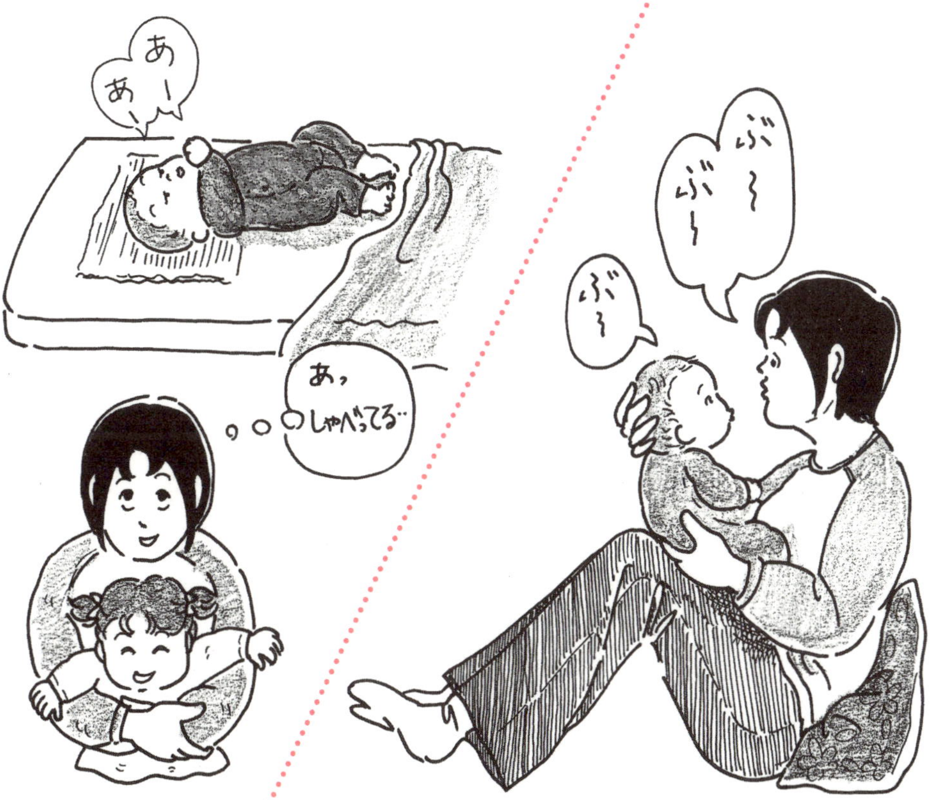
あ〜
あ〜
あっ しゃべってる…
ぶ〜
ぶ〜
ぶ〜

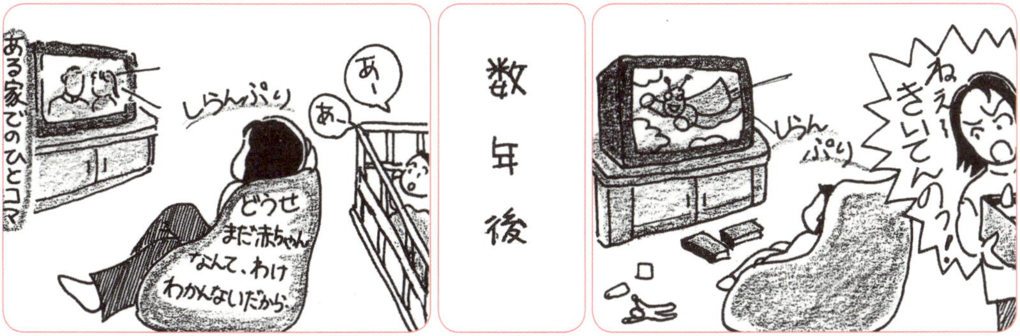
ある家でのひとコマ
しらんぷり
あー
あー
どうせ まだ赤ちゃん なんて、わけ わかんないだから。
数年後
しらんぷり
ねえ〜 きいてんのっ!?

幼児音と幼児語

「おむチュ」だの「…しまチョ」という音を幼児音と言います。「ワンワン」だの「ニャアニャ」だのを幼児語と言います。ワンワンやニャアニャのほうが子どもは覚《おぼ》えやすいし、親しみやすいのですから、それはそれで覚えればいいでしょう。そのうち、ワンワンは犬だとわかってくれば「いぬ」と言うようになります。それより気をつけなければならないのが幼児音で、赤ちゃんが私たち大人の言葉から日本語を学ぶという観点から見れば、大人が「おむちゅ取り替えまちゅよ」という言い方は、あまりおすすめできません。普通の言葉でしゃべったほうがいいかもしれません。でも、かわいい赤ちゃんの顔を見ているうちに自然に出てきてしまうとすれば、目くじらを立てるほどのことはないと私は思っています。

それよりもっともっと目くじらを立てなければいけないのが、テレビやビデオや CD などの機械音だと思っているのです。赤ちゃんは、光って動いて音の出るものに反応しますから、テレビを見ていますけれど、脳の中でも人間的な部分をつかさどる前頭葉《ぜんとうよう》は反応していないそうです。一方的にしゃべるだけの機械音に対して、私たちはもっともっと目くじらを立てなければなりません。

おねえちゃんでも
めんげなー
ほんに
めんげなー
かわい〜でちゅ♡
ほんとに
ほんとに
かわいい
でちゅ♡
はたで
聞いていると
はずかしいぞ…。
親バカ

おとうさん
ワンワンが
いる。
ニャーニャー
もいるね。
おっぱいかなっ
オエ
ホギャー
ギャーギャー
もいるねー。

言葉は五感とともに

赤ちゃんは、見て、聞いて、嗅《か》いで、さわって、なめて、いろいろなことを覚《おぼ》えていきます。言葉もその感覚と一緒に覚えていくのです。「おっぱい飲もうねぇ」と言いながらおっぱいを飲めば、おなかが満たされる満足感と「おっぱい」という言葉が一緒に体の中に入ってきます。「おんも行こうねぇ、おんもは気持ちいいねぇ」と言って外に出たとき、赤ちゃんはそよそよと吹く風を肌に感じながら、花の匂《にお》いを嗅いで、小鳥の声を聞いて、葉っぱにさわってみたりなめてみたりしながら、「おんも」を覚えていくでしょう。場所によっては排気ガスを肌で感じて、ガソリンの臭《にお》いを嗅ぎながら、エンジンの音を聞くということになるかもしれませんが、それでも、閉ざされたどんよりした空気の家の中とは違った「おんも」を感じるでしょう。

赤ちゃんが小鳥の声を聞いているようだったら「そう、あれはことりよ、こ・と・り」などと言います。そこで小鳥の歌を歌っても楽しいでしょう。

テレビはこの五感のうち、見て、聞いてしか使わないのです。赤ちゃんが五感を使う機会を、五感とともに言葉を覚える機会を増やしましょう。

ぽよんとしていて
＋
あったかくって
＋
いいにおいがして
＋
おいしくって
＋
お腹がいっぱいになって
＋
あぁ～しあわせ♡ってかんじ
それが
おっぱい
と言われてるものなんだー。
おっぱいよ。

赤ちゃんは、心《ここ》地《ち》よい体験と一緒に耳にした言葉はしっかり覚えるようです。テレビで「おっぱい」という言葉を聞いても、赤ちゃんにとっては雑音でしかありません。

今日は 泣きやみませんね～。
ピピピ
ん？
ほら、とっと だよ。
いい風だねー。
気持ちいい～
ピ

もっと気楽に

自分の子を抱くまでよその子を抱いたこともないという人にとって、初めての赤ちゃんを育てるのは、緊張することでしょう。おむつも取り替えなくては、おっぱいも飲ませなくては、お風呂に入れて、着替えをさせて、あらあら着替えさせたばかりなのにおっぱいをもどしてよごしちゃったぁ、洗濯もしなくては、泣いてばかりいるけどどこか具合が悪いのかしら、寒いのかしら暑いのかしら、ねえなんで泣いてるのよぉ、泣きやんでよぉ。語りかけろですって？　歌いかけろですって？　そんな余裕どこにあるっていうの！　私のほうが赤ちゃんと一緒に泣きたいくらいなのに…。

わかりますわかります、でも、そんなにむずかしく考えないでください。あれもしなきゃこれもしなきゃということはちょっと脇に置いて、赤ちゃんの顔を眺《なが》めながら「んぐんぐのんで」と歌ってみてください。歌うことで気持ちが落ち着きます、気持ちが落ち着くと歌ってみようかなという余裕がでてきます。そうすると赤ちゃんも落ち着きます。卵と鶏の関係で、親の余裕がなくなると赤ちゃんも余裕がなくなるのです。だまされたと思って、まず歌ってみませんか。

わらべうたなんて知らないから歌えないという方もいるでしょう。ゆっくり語りかけ、音の上げ下げを少し強調すれば、ほら、それがもうわらべうたです。

んぐ
んぐー♪
のんでるね〜♪
のんでるねー

そ〜〜っと
ふ〜
やっとねた…
おかあさーん
のむからうたって。
まだこっちがのこっていた…

「んぐんぐのんで」のあそび方は 113 ページ

まわりの人の心遣《づか》い

ご飯を炊くのは電気釜、洗濯をするのは洗濯機、掃除をするのは掃除機、もちろんそれを扱うのは人ですけれど、家事はずいぶんラクになりました。薪《まき》でご飯を炊き、井戸端《いどばた》で洗濯し、箒《ほうき》とはたきで掃除をし、家族の着る物も縫っていた時代、今のような大型冷蔵庫のなかった時代に比べれば、家事はどんどん機械化され、いろいろ「手抜き」ができるようになったのです。でも、洗濯や掃除や料理がどんどんラクになり、手を抜けるようになったこの時代に、どうしても「手抜き」ができないもの、それが「子育て」です。

赤ちゃんは、「人」が手をかけたり声をかけたりして育てないと「人」になれません。おむつを使い捨てにしたり、離乳食を缶詰にしたとしても、「育てる」そのことは手を抜くわけにはいかないのです。子育ては 24 時間労働、それも休みなしの連続勤務です。赤ちゃんが寝ているときですら気は抜けないし、生活リズムができあがるまでは、夜昼関係なしの仕事なのです。おまけに核家族になり、昔のように話を聞いて子育てを共有する家族がたくさんいるわけではありません。パートナーだけという家族も多いことでしょう。そのパートナーやまわりの人たちがそのことを理解して、ねぎらいの言葉をかけたり、話を聞くだけでも、その大変さは軽減されます。育児をしている人への一番の支援は、共感することです。

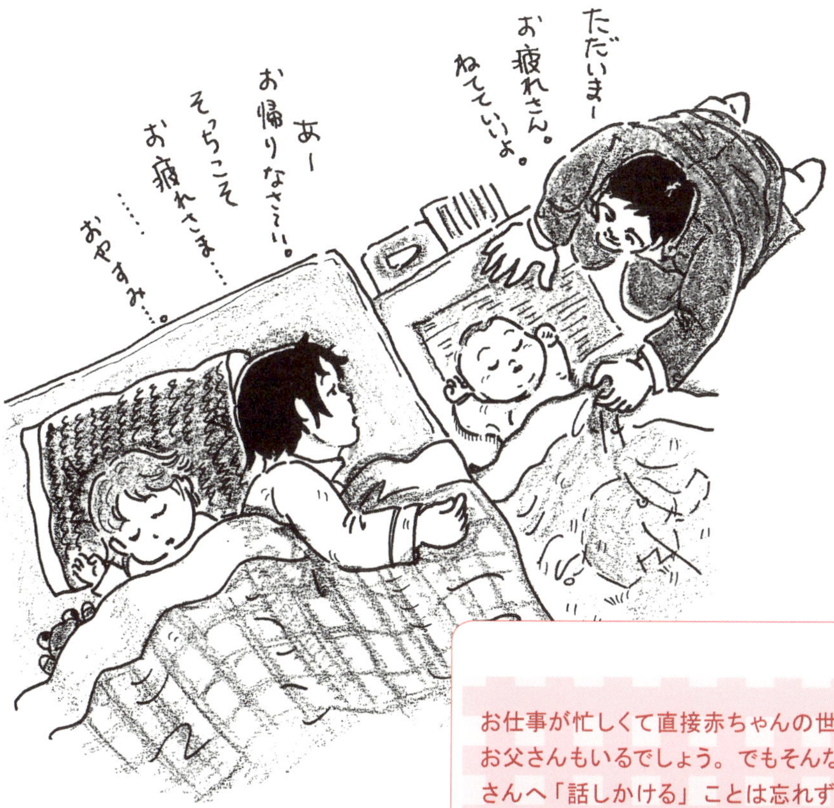
ただいまー
お疲れさん。
ねてていいよ。
あー
お帰りなさ～い。
そっちこそ
お疲れさま……
……
おやすみ……。

お仕事が忙しくて直接赤ちゃんの世話ができないお父さんもいるでしょう。でもそんなときも、お母さんへ「話しかける」ことは忘れずに。この大変な仕事をお父さんが認めてくれているとわかれば、お母さんも元気に赤ちゃんの世話ができます。

それで？
きいてよー
きょう
ねー。
と、このように わが夫は、私の話をよく聞いてくれて
いい夫
とは思っているのですが、
それよりも、実質的な手の方がとってもうれしいこともある。
オムツはかんべん
おかあさ～ん
私って、ワガママ？

ひとりでがんばらずに

「1人目のときは目も離せず、どうしてこんなに手がかかるのか、どうすればいいのかという不安と、とにかくこの子を育てなくてはならないという責任とで、逃れられないがんじがらめの日々でした。自分と赤ちゃんのことで頭がいっぱいになり、協力を求める相談もせず、夫の無理解にイライラしてけんかになってしまったことを思い出します。こんなに手のかかる存在の赤ちゃんを母親ひとりで育てることはできないのだと、もっと早く気づけばよかったのですね」

これは今3人目を育てている方からのお便りです。そうなんです。手のかかる存在だからこそ、夫の協力も必要だし、仲間と一緒の子育ても必要なのです。人間の赤ちゃんは自分からおっぱいを飲みに行くことすらできない未熟状態で生まれてきます。その赤ちゃんを「人間」にするには、「人間」が語りかけ世話をしていくしかないのです。狼に育てられれば狼になってしまう、機械に育てられれば心を持たない機械のようになってしまう可能性を秘めている存在、それが人間の赤ちゃんなのです。お母さんひとりでがんばらないで、たくさんの人に声をかけてもらい、手をかけてもらいましょう。子どもの成長を喜び合える仲間をつくって一緒に子育てすれば、子育てを楽しむ余裕がでてきます。

はじめての子育て

◎おっぱい足りているのかしら？ やっぱりミルクをフォローした方がいいのかしら？

◎そういえば体重ちゃんと増えてるかな？ 正常値かしら？ 身長は？

◎うんちは今日何回めだっけ？ この色は、ちょっと変…本の写真見ると…よく、わからない… 大丈夫よね…でも…もし…ドキドキ。

◎そういえば、母乳も汚染されているって…この子の体がおかしくなったらどうしよう。選んで食事しなくては…。

◎あーそれよりも、私の育て方が悪かったらどうしよう？

楽な方法ないかしら
どうしたら楽しい子育てになるの？

◎あっ、おっぱいはいた～。えーどこか悪いのかな。熱は？ 発疹は？ このポチポチなに？ 大丈夫？

◎また洗たくしないと～。あー、さっきのまだ洗たく機に入れたまま～。

◎お風呂も今日はひとりで入れなくては…。どうやろう。

◎あー、夕飯もそろそろ仕度しないと…、雨？やだ買い物してない。あー、洗たく物！

◎ふー、私最近大人と話したかなー。

◎やっと、ねたわ。そっと、おろして…。あっ、起きちゃった。

◎みんな、どうしてるんだろう。こんなに赤ちゃんとの生活が大変だなんて…。そう思う私は母親失格？

そんな折、親友から電話が…
どう？ 元気？
3人目妊娠中の親友
私、母親業合わな～い
ひとりでがんばるなんて無理よー。大変だったでしょう？
はじめから、まともな母親なんていないわよ。人間を育てるって手がかかることだもの。ひとりで、できる筈ないでしょ。
目からウロコの一言でした。
ひとりで全部するなんて無理だよね。大変なの当たり前だよね。
うっうん。そう、そうよね！ 全部、はじめてのことなんだもの…
ウロコ
ひとりで子育てしない方法をこの日から、模索しはじめた私でした。

誕生餅しよって

CD 75番目に収録

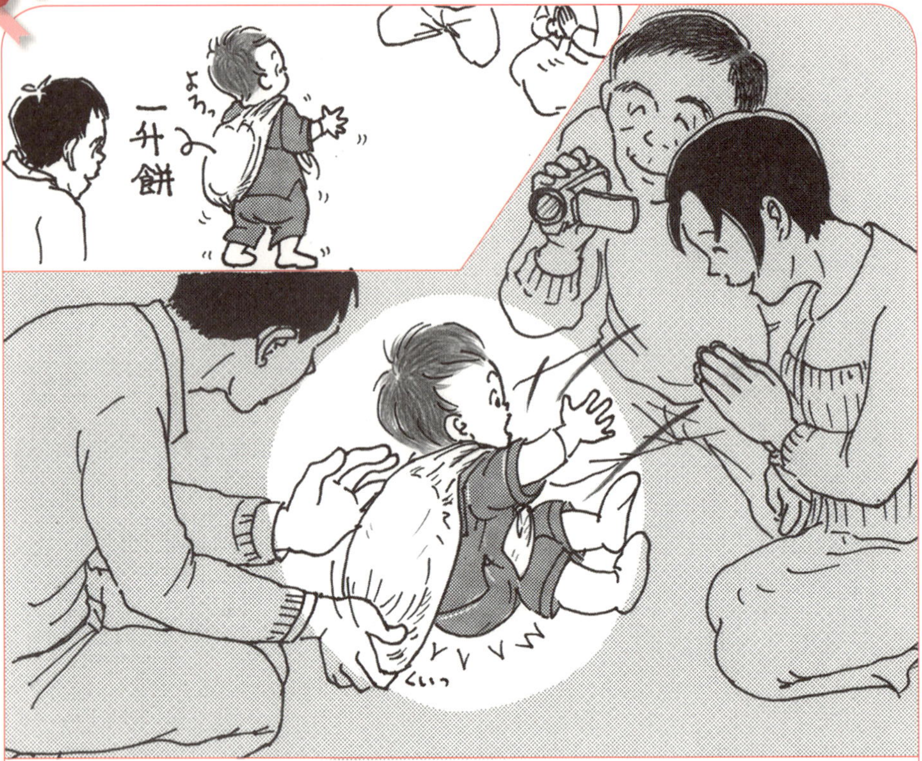
よろっ
一升餅
くいっ

わらべうた

いっしょ もち いっしょ もち よい よい よい

昔は1年目の誕生の日に1升《しょう》餅を背《しょ》負わせました。やっと立っている子やよちよちと歩く子に、1升の餅を背負わせるわけですから当然尻餅《しりもち》をつきます。尻餅をつけばみんなで拍手。なかには1升餅を背負ったまましっかり歩く子もいますが、そんなときは誰かが背中の餅を引っ張って尻餅をつかせ、それから拍手しました。せっかく歩いている子をどうしてわざと転《ころ》ばすのでしょう。これは早く成長した子をいましめ、足並み揃《そろ》えることを教える行事だとも言われています。人生転びながら過ごすのが当たり前、転び方を教えているのかもしれないし、前へ進むことばかり期待する親へのいましめかもしれません。昔の人の知恵でしょうね。

第2章

おすわりから はいはいのころ

2

おすわりからはいはいのころ

おすわりができるようになるころの赤ちゃんは、お母さんをはじめまわりの人と一緒に何かをするのが楽しくなってきます。五感をフルに使って、まわりの人と一緒に見たり声を出したり、一緒にさわったり引っ張ったり、なめたりかじったり、匂《にお》いを嗅《か》いだりして遊びます。またこの時期、おすわりのままお尻《しり》を使って移動したり、はいはいをしたりして、自分で体を動かせるようになりますから、今まで以上に人とのかかわりを求めていきます。大人に期待し、それに応えてもらうことで信頼関係を深めていき、じっくり相手をしてもらうことを通して、集中力や判断力の基礎も身につけていくのです。

この時期に赤ちゃんの呼びかけに応えなかったり、赤ちゃんが繰り返しを一緒に楽しみたいと思っているのに（例えばハンカチを拾っては落とし）、うるさがったり無視したりすると、赤ちゃんは呼びかけても無駄《むだ》、遊びに誘っても無駄と知って、大人への働きかけをやめてしまいます。そして、「手のかからない子」になって親は「ラク」になるのですが、その結果はずっと後になって出てきます。

このあたりから1歳のお誕生日を過ぎるころまで、赤ちゃんにとっても「人」になる基礎を身につける大事な時期ですが、親にとっても「親」になるための基礎を身につける大事な時期です。

ばぁ〜

名前を呼ぶ

半年過ぎるころから、自分の名前がわかるようになり、呼ばれると呼んだ人の方を向くようになります。

赤ちゃんの名前を呼んであげたら、次にお母さんやお父さんの名前を呼んだり、上の子がいるときはその子の名前も呼んで、紹介しながら遊びます。そんなとき、赤ちゃんが「アー」とか「ウー」とか返事をしたら、その返事を聞く間待っています。一方的に語りかけるのではなく「会話」を楽しみましょう。「とうさんはこーこ」「アー」「そうそう、わかっているんだよな、これが頼りがいのある、きみのとうさんだ」「ウー」「そうかそうか、大きくなったら一緒に飲もうな」などなど、第三者が聞いたらばかばかしいと思うようなことをたくさん言ってあげましょう。それこそが賢《かしこ》い親なのですから。

赤ちゃんは自分が「アー」と言えば相手が何かを言ってくれる、「ウー」と言えばまた何かを言ってくれる、そのことで「期待したことに応えてもらう」喜びを感じるのです。こちらが期待すると相手がそれに応えてくれる、つまり人と人との大事なかかわり方を学んで、人を信頼するようになるのです。

♪たろう　たろう
かわいい　たろう♪
♪あっちに　いるのは
美人の　かあ〜さん♪
まあ〜、子どもの前で はずかしいわ〜

♪こっちに いるのは〜 やさしい お姉ちゃ〜ん♪
♪こ〜んな家族をもって〜 オレは 幸せだ〜よ♪
はい
じゃあ、オレは 3時間程 出かけるから…。バイバ〜イ
やられた〜
お父さん どこ行くの?

日常の音と異常な音とを聞き分ける力

首がしっかりしてくると首を動かすのもじょうずになり、おすわりや腹這《はらば》いもできるようになると「音」がどこから出てくるのか、以前よりもっとしっかり確かめようとします。4、5か月になると、赤ちゃんの視野《しや》は四方に広がり、線ではなく面で見られるようになりますから、確かめやすいのです。ドアがバタンと閉まればドアの方を向いたり、グィーングィーンと掃除機をかければそっちの方を見たりします。そしてバタンだのグィーンという音は、びっくりするような音ではあるけれど危険な音ではない、聞き流してもいい音だ、ということを学習しているのです。人の声がすればその声の主の方を向こうとします。自分で音の出せるものを持てば、それを振ってみたり叩《たた》いてみたり、何度もやってみて、どうすれば音が出るのか確かめてみます。

音の出どころを確かめるのは、「選んで聞く」ことの始まりで、聞き流していい音と、しっかり聞かなければいけない音の区別を学んでいるのです。それはこれからの長い人生で、相手の話に耳を傾けるという大事なことの始まりです。テレビからの音はその学習を混乱させます。人の声や自然の音、体験に基《もと》づいた音を大切にしましょう。

パタン!!
♪ねん〜ねん
ころり〜よ♪
たろう。
おお
チリン
チリン

あれは、なんの音だろう？近づいてみようかな。
ウィ〜ン
ウィ〜ン
ん？
たろう、おっぱいよ。
まあ、鼻ならして。ワニちゃんみたいね。飲みたかったの。うれしいのね。
ワ、ワ〜ン
のむのむ

一緒に見る　一緒に聞く

赤ちゃんが音を探して耳を澄《す》ますようなしぐさをしたら、私たちも赤ちゃんと一緒に同じ方を向いて、「あれはお隣の犬、ワンワン、ワンワンね」と言ったり、「あれはカーテン、風でパタパタゆれてるねえ、風でパタパタゆれてるねえ」などと言ってあげます。二度繰り返してあげると、赤ちゃんはしっかり聞き取るようです。ついでに「となりの犬がほえてます、ワンワンワン」などと即席の歌を歌ったり、「上から下から大風こい」(あそび方は159ページ)のわらべうたを歌いながらカーテンをゆらしてあげたら、赤ちゃんはもっと喜ぶかもしれません。

生まれたときからじっと見つめ合ってきた赤ちゃんなら、犬にせよカーテンにせよひとつのものを、じっと見つめることができます。なかなか集中できない赤ちゃんでも、大人が一緒に見ながら言葉を添えたり歌ったりしてあげれば、見ていられるようになります。集中力というのは学校に行くようになってから育つわけではなく、赤ちゃんのときから、大人の働きかけによって育つのです。私たち自身がじっと耳を傾けたり、じっと見つめたりする生活をしていないと、赤ちゃんが耳を傾けたり、見つめたりしていることに気づきません。いつも機械音の中で暮らしていると、赤ちゃんのささやかな動作を見逃します。

ほら、ワンワンが
こっち見てるよ〜。
ワンワン♪
ワワ〜〜ン♪

あ〜、こらっ！
だめよっ！
ある家のできごと
これでも見てて。
あーごめんね。今、目が
はなせなくて。大丈夫、
ビデオつけた
から….。
ピッ
数年後
うちの息子、集中力なくってさぁー。
なんか習い事でもさせよう
かな〜と思って。おとなしい
のはTV見てる時
だけよー。
そうそう

体にさわりながら遊ぶ

赤ちゃんは体にさわられる遊びを喜びます。同時にリズミカルな言葉も聞こえてくるともっと喜んで、その言葉はすーっと体の中に入っていくようです。楽しい経験と一緒に聞いた言葉は受け入れやすいのです。こういう遊びはこの時期だけではありません。２歳になっても３歳になっても、もしかしたら小学生になっても喜びます。赤ちゃんにやってあげていると、幼稚園や小学校に行っている上の子が、「ぼくにもやって」「わたしにも」とやってもらいたがることがよくあります。やってもらう楽しさを覚《おぼ》えたら、赤ちゃんにやってあげることもできるようになります。

２歳３歳で体にさわられるのを極端《きょくたん》に嫌う子がいます。体にさわられることと何かとってもいやな体験が結びついて、極端に嫌うようになったということもまれにはあるかもしれませんが、生まれたときからあまり肌の接触《せっしょく》がないまま、ラックにすわらせられたり、籠《かご》（キャリーバッグ）で運ばれたり、テレビに子守りをされていたりして、人との接触があまりないまま育ってしまった、というお子さんもさわられるのを嫌うようです。

♪しゃくとりむ〜し

なになに…。体にさわると喜びます。たくさんさわって、遊んであげましょう…。だって。
あやす
ふふふ…ふ
ドキッ
や〜な予感ー
ぞりぞりしちゃうぞ〜
泣くほどうれしいか〜
ぞり
ぞり
まったく〜
ぞりぞり
いやあ

「しゃくとりむし」のあそび方は 130 ページ

体の名称を言いながら遊ぶ

おむつを取り替えながら、お風呂に入りながら、赤ちゃんの体にさわってあげます。こすってあげたり、軽く引っ張ってあげたりしながら、それぞれの名称を言ってあげます。

また、赤ちゃんが自分の手をなめたり、足をなめたり、自分の鼻をひっかいたりしているようなときに、「こーれはあんよ　たろうちゃんのあんよ　むちむちあんよ」となめている足にさわってあげたり、「こーれはおてて　はなちゃんのおてて　かわいいおてて」と手を握ってあげたりします。

赤ちゃんの体はさわられることで刺激《しげき》を受け、こまかい機能まで発達していくようです。ですから、いつも服でかくされているおなかやお尻《しり》や太腿《ふともも》のあたりも、お風呂のあとや、おむつの交換のときなど、つとめてさわるようにします。「むなさかこえて」（あそび方は135ページ）と手のひらで胸から腹からお尻のあたりをなぜてあげたり、腿から足首まで「こんぞこ合わせてしゅーしゅ」（あそび方は115ページ）とこすってあげたりします。足の指も１本１本さわってあげながら、「ちっちゃい豆こーろころ」（あそび方は132ページ）と歌ってあげたり、土踏まずのところを軽く押しながら、「ぎゅっこぎゅっこ　つちふむな」（あそび方は114ページ）と歌ってあげます。

足を伸ばしたり縮《ちぢ》めたり、開いたり閉じたりすることで、股《こ》関節の病気の早期発見にもつながります。

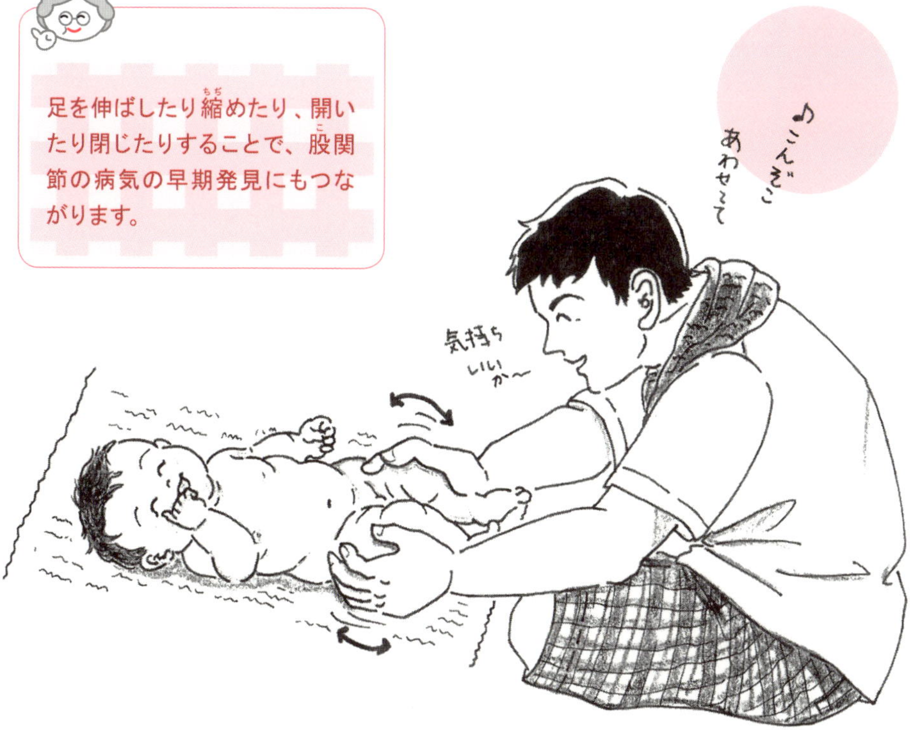
♪こんぞこ
あわせ〜て
気持ち
いいか〜

あら〜見て。やわらか〜い！
たろうちゃん、あんよ なめなめして、おいちぃですか？
見て〜、見て〜〜。私もできた。
すごーい！
パチパチ
いててっ つった〜！
良識ある大人は こんなこと しませんよね〜。

「こんぞこ合わせて」のあそび方は 115 ページ

擬声語《ぎせいご》や擬態語《ぎたいご》を使う

赤ちゃんと一緒に遊ぶときは、ころころ、がらがら、かんかん、がたんごとんなどの擬声語や、よちよち、てくてく、くるくる、きらきらなどの擬態語をたくさん使って遊びます。

ボールを転《ころ》がして遊ぶときには「ほーら　ころころころ　ころころころ」と言いながら転がします。おすわりしている赤ちゃんに向かって転がしてあげると、両手をあげてボールのくるのを待っているでしょう。そしてボールをつかもうとしたり、自分でまた転がそうとします。つかもうとしたときには「よいしょ」とか、転がそうとしたときには「ころころころ」などと言ってあげます。

擬声語や擬態語には単純な繰り返し音が多いので、赤ちゃんもまねしやすいのです。それと、言葉を添えることで、その遊びが一層楽しくなりますから、ある程度長い時間飽《あ》きずに遊べます。赤ちゃんがつかめるような小さなやわらかいボール、または大きくても少し空気を抜いたボールだとつかみやすいでしょう。

だっこしてゆらすときも「ゆーらゆーらゆーらゆら」、お風呂で洗うときも「あんよもごしごし　せなかもごしごし」、湯舟の中でも「どーんぶかっかすっかっか」（あそび方は170ページ）離乳食を食べるときも「ごっくんごっくん」と声をかけてあげると飲み込みやすいようです。

ころころ ころ
きた、きたよ〜。

赤ちゃんと暮らしているときには、何でも声に出してみるとより楽しくなります。その楽しい中で、赤ちゃんは言葉を蓄《たくわ》えていくでしょう。

子どもがいると、大人の日常語にも変化が…
今日のお昼は うるうるが いいなぁ。
つるつるっ
そうめん
スパゲッティ
わたしは じゅるじゅるがいいし。
ネベネバがいいし！
納豆大好き
その他にも
ごしごし＝ぞうきん
じゃぶじゃぶ＝洗うこと
ごしごし とって〜。
子どもがいない頃は、こんな言葉を大人が使うのは、みっともな〜い と思っていた私です。
トホホ

だっこする　おんぶする

首の骨や背骨がしっかりしてくると、横に抱かれるのではなく、縦《たて》に抱かれることも多くなってきます。そんなとき、抱いている人の肩越しに赤ちゃんの顔が出るような抱き方のほうが、あちこち眺《なが》められて、赤ちゃんにとっては楽しいようです。

よく保育者が、親と離れて泣いている子をこういう抱き方で抱きます。体はぴったり保育者に預けているので落ち着くし、顔は保育者の肩から出ているので、泣きながらもお友達の様子やまわりの景色を眺められるからです。抱かれている赤ちゃんは、泣きながらも「あ、あの子たちは楽しそうに遊んでいる」「あ、ばたばた走って来た子がいる」「庭でぶらんこがゆれている」などと見ているうちに、新しい世界にとけ込んでいくのです。胸にぴたっと顔をつけて泣いていると、すっぽり包まれた感じがして安心するかもしれませんが、新しい世界のことに気持ちを転換させるきっかけがつかめません。

赤ちゃんはおんぶも好きです。体はぴたりと私たちの背中についていて安心だし、私たちと同じ方向を見ることができるので好きなのです。何よりおんぶする大人の両手が使えるので便利ですし、赤ちゃんにとっても安全なのです。

地震の多い国です。いざというときのためにも、常日頃さっとおんぶするくせをつけておくことは大事でしょう。安全だし便利だし、おすすめです。

♪かっぱのこ
♪おしりと
ねらうほ
ポンポン

あらっ
赤ちゃん
いない
いないい
ばあ
あれ？つい
夢中になって
道をまちがえた…
バイバイ

「かっぱの子」のあそび方は 133 ページ

赤ちゃんの「しがみつく」力

　赤ちゃんに両手の親指を握《にぎ》らせて引き上げると、赤ちゃんはその親指をしっかり握ったまま上体《じょうたい》を起こしてきます。もちろん赤ちゃんが握り疲れたときのために、残りの８本の指でいつでも赤ちゃんを支えられるようにしておきます。でも、赤ちゃんの握力《あくりょく》は結構強くて、２回３回ではへこたれません。こうやって遊んでいると、そのうち上体だけでなく、足を踏ん張って体全体を起こすこともできるようになります。「おーきれ　おーきれ　たろうちゃん」（あそび方は 143 ページ）と歌いながら、遊びます。

　赤ちゃんは猿時代の名残《なごり》でしょうか、手の握力はかなりあるのです。ですから、紐《ひも》なしでおんぶしても自分からしがみついてくるはずなのですが、近頃は籠《かご》で運んだりだっこバンドで支えてしまうせいか、赤ちゃん自身のしがみつく力が弱くなってきたように思います。はいはいをしっかりさせて腕の力をつけたり、おんぶやだっこも含め、体がふれあうことをたくさんして、赤ちゃんの本来持っている力を伸ばしてあげましょう。人に支えられるとしても、すべてお任《まか》せではなく、自分からしがみついたり、自分で体のバランスをとることは、人とのかかわり方としても大事なことです。

♪お〜きれ
お〜きれ
たろうちゃん♪

ゆっくり起こしてゆっくり寝かせるのがコツです。赤ちゃんの握《にぎ》りぐあいを見ながら遊びましょう。

ある日、動物園に行った。
サル山
いや〜、降りない！
おんぶして！
お、重いっ
勝った！
私なんて2匹よ。
ガッツ！

「おきれおきれおにの子」のあそび方は 143 ページ

欲しい物をとる力

大人が差し出したおしゃぶりをつかむ、床に置いてあるガラガラを伸ばした手でとる、体を伸ばして少し前にあるおもちゃをとるなど、はいはいができるようになると、離れたところにある物をとろうとして這《は》っていきます。赤ちゃんが、欲しい物を自分でつかむことができたときも、「じょうずじょうずじょうず」（あそび方は 141 ページ）とほめてあげます。

「ほーら、ここにあるよ」と大人がおもちゃを差し出すと、それを耳で聞いて、目で見て、そっちに手を伸ばし、欲しいと思った物をつかむ、これは赤ちゃんの体が総合的に成長しているということです。目的に合わせて体を動かすことができる、つまり頭で考えたことと体の動きが一致するということです。これは当たり前のように思えますが、案外むずかしいことなのです。赤ちゃんの成長に合わせて、語りかけ歌いかけ励ましながら、こういう訓練をたくさんしておかないと、幼児になってから、頭では走っているつもりでも足がもつれて転《ころ》んだり、鉄棒につかまっているつもりでも手がゆるんで落ちてしまったり、ということになりかねません。

大げさのようですが、赤ちゃんは「やりたい」という欲求を持って「やったぁ！」という達成感を味わっているのです。その繰り返しが赤ちゃんの自信につながります。

「あまざけしんじょ」のあそび方は 146 ページ

ほめる

おすわりができるようになったとき（すぐズデンと転《ころ》んでしまうとしても)、「じょうずじょうずじょうず」（あそび方は 141 ページ）と手を叩《たた》いて、おおげさにほめます。転んでしまったときは「あーあ」。またすわらせて転ばないでいたら、「じょうずじょうずじょうず！」。赤ちゃんは、こうやると大人が喜ぶとわかって、またやってみようとします。大人が喜んでくれる、そして大人が認めてくれることがうれしいのです。

寝返りをうった、腕で上半身を支えることができるようになった、たとえ偶然でも「しーし」と言ったらオシッコが出た、離乳食を上手に食べたなどなど、何につけてもほめてあげます。何でもできたらほめる、手を叩いて「じょうずじょうず」とやっていると、そのうち赤ちゃんもこうすると手を叩いてもらえるということがわかってきます。「こうすると」「こうなる」ということを理解するのです。そしてその次には、「こうしたいから」「こうする」になり、たくさんほめられると（認められると）自信を持ち、また新しいこと（立ったり、歩いたり）に挑戦してみようという勇気が出てきます。

じょーず
じょ〜ず
じょ〜ず
あっ
あ〜あ
パチパチパチ
ごろ〜〜ん
ごち〜ん
あっ

痛かったのー。びっくりしたねー。だいじょうぶ。だいじょうぶ。
いたいの、いたいのとんでけ〜。
あら、泣きやんだの。えらいですねー。いいこ、いいこですねー。強いですねー。
ピタッ
はは…
いいねー。赤ちゃんは何でもほめられて…。

「じょうずじょうずじょうず」のあそび方は 141 ページ

「め！」

寝ているだけの赤ちゃんは、かわいいだけで「叱《しか》る」機会はほとんどないでしょう。でも、はいはいをしだすと、コンセントやガスなど危険な物に近寄ることもあります。赤ちゃんは大人の思い及《およ》ばないようなこともやってくれますからね。二度とやって欲しくないことをしたら、ちょっとにらんで「め！」と言います。また手を出したら「め！」。また手を出したら「め！」、これの繰り返しです。いつもやさしい声で接していれば、大声を出さなくとも「め！」と言うだけで、いつもの声の調子と違うことを察します。これはあやしてくれている声ではない、遊んでくれているのでもないと、赤ちゃんが気づくようにきっぱりとした声で「め！」と言います。そしてその後、赤ちゃんがわかってもわからなくても、「これはアチチだからね、アチチだから、め！よ」と言い聞かせます。

大人の不注意で、片づけなかったペットの餌《えさ》やタバコの吸い殻《がら》を食べてしまうこともあります。ボタンやコイン、特に薬品は赤ちゃんの手の届く所には絶対に置かないことです。

もし赤ちゃんが危険な物を持っていたら、ただ取り上げるのではなく「あっちのお山に飛んでったぁ」（あそび方は157ページ）と言いながら隠《かく》して、「あれ　あれ　どこいった　山から○○が飛んできた」と代わりの物を持たせます。

叱るときはしっかり叱ることが大事です。「め!」と言われて泣いてしまったら「もうしないでね」などと言い聞かせながらだっこしてあげればいいのです。

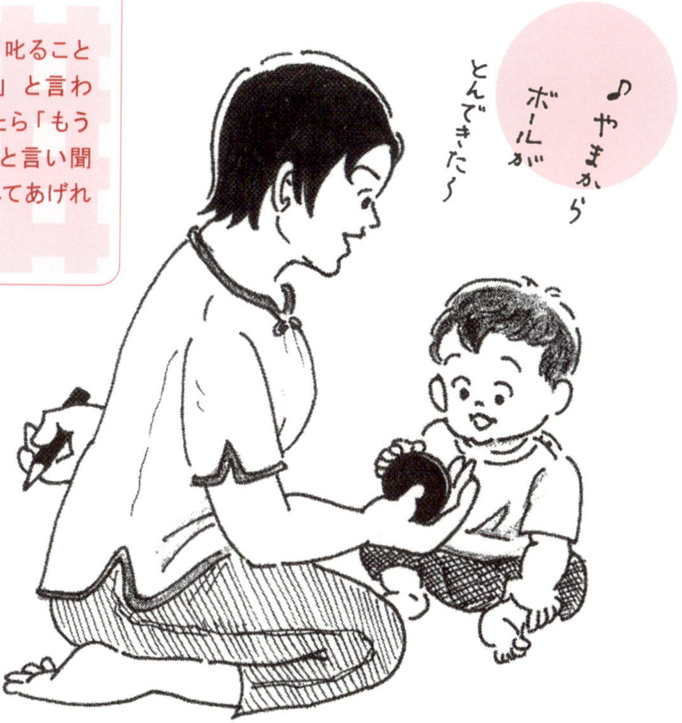

「あっちのお山に飛んでった」のあそび方は 157 ページ

土に親しむ

庭や公園や土手などに、赤ちゃんをすわらせます。ときには草を食べたり、土を食べたりすることもありますが、少々なら気にすることはありません。土にさわったりなめたり、草の上をはいはいしたりすることは、赤ちゃんも大好きです。

とがった茎《くき》や手が切れてしまいそうな葉っぱがあるか、むかでのような刺す虫がいるかどうか、そんなことだけ気をつけたら、あとは大胆《だいたん》に土の上で遊ばせてみましょう。幼稚園に入っても裸足になれない、泥がさわれないというお子さんが、都会だけでなく増えているようです。一緒にいる大人が、そばで花の冠《かんむり》を作ってあげたり、小さな葉っぱをフーッと吹き飛ばして見せたりしたら、なお楽しいでしょう。

とはいえ、原発事故後はのんびりと土の上や草の上で遊ばせましょうと言いきれません。外遊びの大切な乳幼児からそれを奪った原発。1日30分しか外遊びができないという福島の子どもたちのことを思うと、私も含めて大人の責任を痛感します。

葉っぱを吹き飛ばすのは幼い子にはむずかしいものです。フ〜と吹いたりフッフッフッと吹いたりいろんな技を見せてあげましょう。

一人遊び

おすわりができるようになると、一人で遊ぶことも多くなります。何かを持っておすわりして、それをなめたり振ったり落としたり、興味のある所へ這《は》って行ってさわったり叩《たた》いたり、おとなしいなと思ってちょっと目を離すと、スリッパをなめたり、ティッシュをみな出してしまったり。親がハッとするようなことをやってくれることもありますが、かなり長いこと一人遊びができるようになります。

けれど、今３人目の赤ちゃんを育てている方の報告によりますと、長いこと一人遊びをするのは、その前にたっぷりとお母さんと遊んだときだそうです。赤ちゃんだってちゃんと一人で遊べるのに、大人の都合でテレビの前にすわらせておいたりすれば、せっかく赤ちゃんが自分の思うように遊ぼうと思っていても、その機会をのがしてしまいます。大人はスリッパをなめられると困るから、ティッシュをみな出されては困るからと、赤ちゃんがおとなしくしているようにテレビをつけるのでしょうけれど、赤ちゃんの自主的な行動を奪《うば》うことになりかねません。

空《から》になったティッシュの箱の、穴を少し大きくして、中にスカーフやハンカチや小さなおもちゃをたくさん入れておくと喜んで遊びます。

♪な～にかな ♪な～にかな？
paper
お手玉、
お手玉、
小さなぬいぐるみ
フェルトで作った野菜

あった～。お手玉だね。
すご～い！
さあ、もう1回。♪な～にかな ♪な～にかな
この間に食器を洗って…。
ぎゅっぎゅ
かくしておいたのに～
ねらい通りおとなしいと思っていたら

「な～にかな？」のあそび方は 176 ページ

子育て仲間を作る

家の中にいて、テレビも見ずに赤ちゃんの世話だけしていましょうと言っても、なかなかむずかしいと思います。そんなときは現代版井《い》戸《ど》端《ばた》会議の場を作りましょう。何人かで一緒にお散歩に行ってもいいし、交代で赤ちゃんの世話をしてもいいし、保育をしてくれる人を頼んでもいいのですが、まずは誰かの家に行って、子どもたちを遊ばせながら、おしゃべりする場を作りましょう。

お友達と話し合えば新しい発見があります。安売り情報やイベント情報に加えて、おいしいおやつの作り方や、子どもの遊ばせ方や叱《しか》り方を教え合ったりすることもできます。悩んでいることも話し合ってみると、案外いい解決法が見つかったりします。自分一人では不安でも、お友達と話し合えば安心できることもあるし、自分の間違いに気づくこともあります。体調の悪いときは預かってもらうこともできます。

「人と人とのかかわり方」というのは、何冊本を読んでも身につきません。他の人とおつきあいするなかで体得《たいとく》していくのです。赤ちゃんも同じで、お友達とのかかわりのなかで身につけていきます。そのためにも、子育て仲間を作りましょう。

● 大人の話し相手ができた。

。子育ての悩みから、くだらない話、夫のグチなど、とにかく話す相手ができたことで、子育てのイライラ感がちょっとは楽に。

● いろんな子がいるんだなあ。

。うちの子と同じ位の子が、じょうずにお弁当を食べていてびっくり。しかも、見よう見まねでうちの子もひとりで食べはじめて、集団の力ってすごいと思った。

● 自分が病気など、なにかあったとき、子どもを見てくれる人がいて安心。

。子ども同士も知り合いで、とても助かる。

具合が悪いときはお互いさま。
すごく楽しそうだったわよ。
この間は預ってもらって、ありがとう。助かったわ！
もう体は大丈夫？

● 集団遊びができる。

。「♪ひらいた ひらいた」とか何人かいないとできない遊びができる。みんなと遊ぶときの子どもの楽しそうな顔。親子だけでは無理だよね〜。

お友達と遊ぶ

子どもがお友達を欲しがるのは３歳ぐらいから、と考えていらっしゃる方も多いようですが、赤ちゃんだってお友達が欲しいのです。公園に連れて行って、子どもたちが遊んでいる様子を見せると、喜んでそっちのほうに手を出したり、体を乗り出したりします。そして、ちょっと大きい子が楽しそうにけらけら笑っていれば、赤ちゃんもうれしそうにします。ちょっと大きい子が「ひーらいたひーらいた」と歌を歌いながら遊んでいれば、赤ちゃんも体をゆすりながら参加している気分になります。同じような月齢の赤ちゃんを並べておくと、お互いに手を伸ばしたり、「アーアー」とおしゃべりをして、相手とかかわろうとします。

目覚《ざ》めている時間が長くなったら、なるべく早い時期からお友達とかかわる機会をもちましょう。お母さんもお友達とかかわることができますから、一石二鳥です。お友達と遊ぶということは、人とかかわることであり、かかわれば、泣かしたり泣かされたりするということでもあります。親も、小さなことは気にせず見守っていきましょう。

ねー。何、しようか。
あっちで遊ぼう。
あららら
たろう。それは、まーちゃんのよ。とっちゃめ!
いいてよ。いいてよ。
この先どうなるか見てみた〜い。

♪おてちゃをのみにきてくださ〜い♪
きょうは、赤ちゃんはあっち。
め〜っなの。
ママ〜
この間まで、自分達が赤ちゃんだったのにねー。クスクス
お友達がいると、寄ってこないから、楽ねー。
久びさのティータイム。
ほんと、ほんと。

その時期にやれることをたっぷりとやる

人間は何億年もの生物進化の過程を短期間でなぞっていると言われます。ですから単細胞から始まって、おなかの中で水生動物の時代を過ごし、生まれてからも這《は》ったり四つ足で歩いたりの時期を過ごしてから、やっと立ち上がります。それぞれの時期を大事にして、はいはいをする時期にははいはいをたっぷり経験させましょう。少しでも早く歩かせたいからと歩行器を使ったり、手をとって無理に歩かせようとすると、そのときはうまくいったように見えても、後でひずみが出てきます。

はいはいするころにはそのはいはいをしっかりさせて、腕や首や胸の筋肉を鍛《きた》えておきます。膝《ひざ》を立てての四つ足歩行になったら、それもたっぷりさせて、足腰や背骨を鍛えておきます。そうすれば立ったり歩いたりするようになってからも、人間が２足歩行になってからの弱点をかなりカバーできるはずです。

赤ちゃんははいはいをしながら、そろそろ足も使えるなと思うと膝を立てての四つ足歩行をするようになり、もっと足がしっかりしてきたと思うと立ち上がるようです。ほめて励ますことは大事ですけれど、あせるのは禁物です。

「ばったんばったんねずみの子」のあそび方は 140 ページ

生活リズムを身につける

目覚《ざ》めている時間が多くなったら、朝起きて、昼寝をして、夜早く寝るという習慣をつけたいと思います。2歳3歳で就寝時間が夜中の11時12時というお子さんがかなりいます。幼稚園に通うようになって急に朝早く叩《たた》き起こす生活に変えたとしても、その子の体のリズムがついていけなくて、食欲がなく朝ご飯が食べられず、午前中は元気が出なくてイライラしたり、集中して遊ぶこともむずかしくなります。

赤ちゃんが朝いつまでも寝ていてくれればその間に家事も片づく、夜遅い父親とのコミュニケーションをとるために夜中まで起こしておく、というのは親の都合でしょう。子どもの生理的都合から言えば、明るくなったら起きて、暗くなったら寝る、その間にお昼寝をするというのが一番いいのです。1歳前後ではまだ無理かもしれませんが、それを頭に入れて心がけていれば、1歳半から2歳ぐらいまでには、明るくなったらひとりでに目が覚《さ》めるような生活のリズムができてくるでしょう。

そのためにも明るいうちは体をいっぱい使って遊び、暗くなったら刺激的なテレビや電話は避《さ》けて、静かに過ごすようにします。親しい人と体をふれあってたくさん遊ぶと、赤ちゃんも満足して眠りの態勢に入りやすいようです。

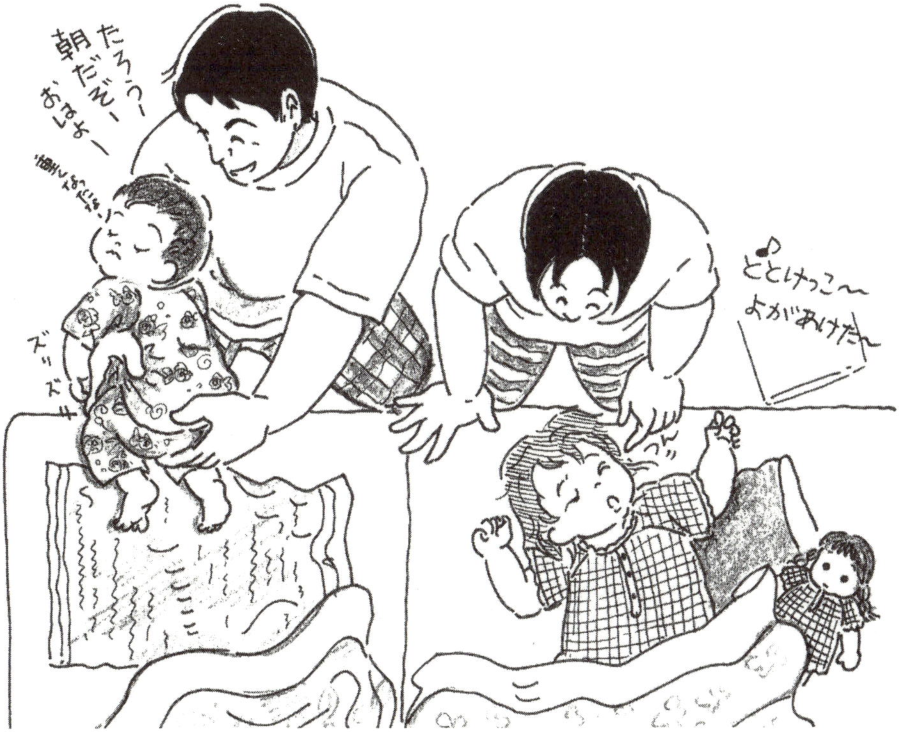

「ととけっこ」のあそび方は 172 ページ

誕生を祝う…② どっちゃいぐ こっちゃいぐ

CD 76番目に収録

♪どっちゃいぐ
どっちゃいぐ~
ふで
とったよ~

わらべうた
どっ ちゃ い ぐ どっ ちゃ い ぐ こっ ちゃ い ぐ こっ ちゃ い ぐ

そろばんと筆《ふで》と物差《ものさ》しをちょっと離れたところに置いて、声をかけながら赤ちゃんに選ばせ、未来の職業を占うということもしました。そろばんを選べば商人、筆を選べば学者、物差しを選べば職人というわけです。もちろんそれで決めてしまうわけではありません。ただ1歳を過ぎたら、目的を持って育てていけということなのでしょう。1歳まで無事に育ったことをみんなで祝福し、誕生餅を食べながら、その喜びを分ち合ったのです。

立っちから あんよのころ

第 3 章

3

立っちからあんよのころ

1歳前後から、いよいよ立ち上がり歩き始めるようになって、赤ちゃんの視野はぐんと広がります。そして視野の広がりとともに、音の出どころが一層よくわかり、赤ちゃんは「選んで聞く」ことができるようになります。また「アー」とか「オックン」とかの喃語《なんご》ではない、「初語《しょご》」が出てくるのもこの時期です。初語に続いて、言葉をどんどん言うようになりますが、まだまだ一語文で、身近な人にしかわからないような言葉ですし、長い文章を理解するまでには至《いた》りませんから、引き続き繰り返しの多い言葉でゆっくり話しかけていきましょう。わらべうたも歌ってあげれば少しずつまねするようになります。

自分と他人の違いもわかるようになりますし、身近な人と見知らぬ人の区別もつくようになります。その結果「人見知り」をするようにもなります。大人のやることをじっと見てまねることもできるようになりますし、いつも使っているものなら、靴ははく物、コップは飲むときに使う物などと、それがどう使われるかを理解できるようになります。指さしながら「コップを持ってきて」と頼めば持ってきてくれるようにもなります。

「あんよはじょうず」のあそび方は 147 ページ

好きなことを期待する

１歳前後になると、好きな音と、そうでない音の区別がつくようになります。遊んでくれる家族の「ただいま」の声や、ミルク缶を開ける音、菓子袋のガサガサいう音を聞くと、次の場面を想定して喜びます。「聞いた音」から「次の場面を想定する」ことができるのです。

お出掛けのために、バギーやおんぶ（だっこ）紐《ひも》を持ってきたり、靴下や靴をはかせようとすると、赤ちゃんは外に連れて行ってもらえると期待して喜びます。そして乳母車の準備をしながら即席の「おさんぽの歌」（あそび方は 147 ページ）を歌ったり、靴下や靴をはかせながら「くっくをはいておでかけね」などと声をかけていれば、そのうち乳母車を見たり、靴下を出そうとタンスの引き出しを開けるだけで、またはおさんぽの歌を聞くだけで散歩を期待したり、散歩だと察《さっ》するようになります。こういう条件が揃《そろ》うと、そのあとこういう楽しいことが起こるということがわかってきたのです。大げさに聞こえるかもしれませんが、これは具体的なことを抽象化する訓練です。ときには乳母車を見るだけで勘《かん》違いして喜んでしまうこともありますが、世の中期待通りにならないこともある、それを知るのも悪くないでしょう。

最近
♪おさんぽ〜
さんぽ〜
と歌うと、
くつ下の
しまってある
タンスまで
行き、
ガタ
ガタ
くつ下をあげると
足のところへ
もっていき、
くっ
くっ
くつ下をはかせると
玄関ドアを指さす
ようになりました。
まー
つながって
きてるのね。

昔、家で飼っていた
犬のコロは
綱を見せただけで
クーン
クーン
はっはっ
狂喜乱舞
この頃のタロウを見ると
よく思い出すんだ コロのこと。
臭いも
仔犬と
同じだ〜。
くっ
くっ

食べるときにも言葉を添える

　離乳食を食べるようになったら、わかってもわからなくても「いただきます」をしてから食べ始め、食べているときは「おいしいねぇ、おいしいねぇ」と声をかけながら食べさせます。「おいしいのはどぉこ」（あそび方は149ページ）と赤ちゃんの口やほおを指さして歌いかけたり、食べ終わったら「ぽんぽこりんはこぉこ」（あそび方は150ページ）とおなかをさすってあげます。思うように食べてくれないときも、「サラダ列車がシュッポッポ」（あそび方は148ページ）などと言いながらサラダを口に運んだり、ときにはぬいぐるみの人形を一緒にすわらせて、くまちゃんと代わりばんこに食べさせたり、いろいろ語りかけながら工夫すると食べてくれます。ほかの物に興味を移したり、食べ物で遊び始めて食べることに飽《あ》きたようでしたら、もう少し食べさせたいと思っても「ごちそうさま」と言って終わらせたほうがいいようです。

　食事の時間は餌《えさ》を流し込む時間ではありません。食べることが楽しいひとときになるように語りかけましょう。栄養価のことばかり考えて、ミルクをミネラルウォーターで溶いたり、白湯《さゆ》（湯冷まし）の代わりにスポーツドリンクを飲ませたりということは、赤ちゃんにとって負担になるようです。赤ちゃんにはなるべく自然のままの味で、つけるとしても薄味で食べさせます。飲み物は白湯《さゆ》が一番です。

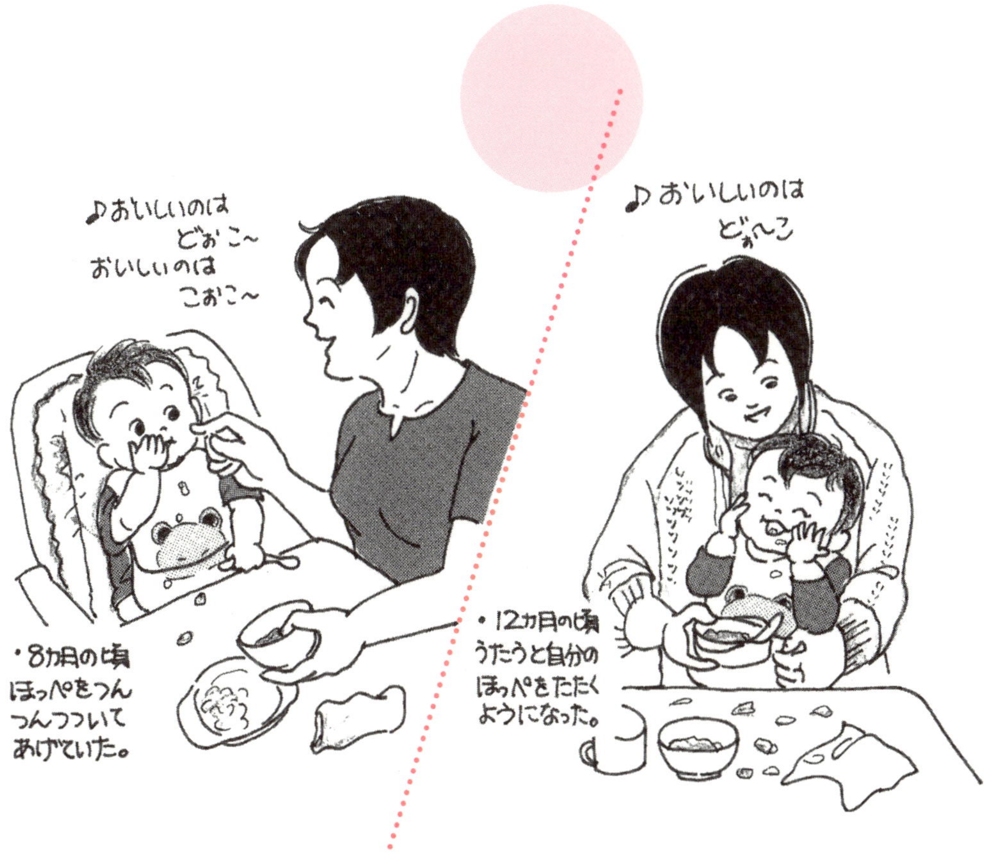
♪おいしいのは
どぉこ〜
おいしいのは
こぉこ〜
・8カ月の頃
ほっぺをつん
つんつついて
あげていた。
♪おいしいのは
どぉ〜こ
・12カ月の頃
うたうと自分の
ほっぺをたたく
ようになった。

わが家では ごはんを
食べる前に用意しておく
ものがあります。
古新聞
いすの下に
しいて
おく。
おしぼり
2本
お布団をしく。
ガツガツ
お、ねむくなってきたな
ごちそうさま。
おやすみなさい。
幸せね。

「おいしいのはどぉこ」のあそび方は 149 ページ

初語《しょご》

たいていの赤ちゃんは１歳前後で初語を言うようになります。初語というのは、赤ちゃんが初めて発する、特定の意味を持った言葉で、私の経験から言えば大半の赤ちゃんの初語は「マンマ」（食べ物全般）、「パイ」（おっぱい）、「ブー」（お湯、水）など食べる物か、「アーチャ」「ママ」など家族、「クック」（靴や靴下）など身につける物、「ワンワ」（犬）や「ブーブ」（自動車）など身近な物で、表現しやすい物です。初語はその時点で赤ちゃんが一番慣れ親しんでいるものでもあります。

最近その赤ちゃんの初語に異変が起きています。ある保育園の報告で、初語が「モン」（ドラえもん）などテレビのキャラクターになる赤ちゃんが増えてきたというのです。赤ちゃんが一番慣れ親しんでいる物がテレビのキャラクターというのは、「人とのかかわり」の少なさを象徴《しょうちょう》しているのかもしれません。

初語が出るころから、赤ちゃんの言葉はぐんぐん増えていきます。けれど文章にするには至《いた》らず一語文ですから、「マンマ」の一語で「マンマちょうだい」「マンマの絵だ」「マンマおいしいねぇ」などいろいろな意味になります。赤ちゃんは「マンマ」だけしか言わないとしても、大人は「マンマはおいしいおいしいねぇ」などと言って、言葉をふくらませてあげます。

お父さんは
Man《マン》
だもんな〜
タロウ、
呼んだか〜?
え〜と、これはね〜。「マンマー」（マンマー、マンマー）お母さん、クッキー食べたい」って言ってるの。
マンマ〜
マンマー
マンマ〜
マンマ〜
タロウの翻訳者

初語がテレビ語っていうのも↗
かなしいわね〜。気をつけないと…。
そして
めぇ〜
めぇ〜
めぇ〜
?。?。
めぇ?。やぎ?。
ダメ〜〜!
3才のお兄ちゃん
めぇ
もしかして、コレ?

3 立っちからあんよのころ

泣く

おなかがすいたと言っては泣き、おむつがぬれたと言っては泣き、どこかが痛いと言っては泣き、眠いと言っては泣き、かまってもらいたいと言っては泣き、赤ちゃんはよく泣きます。慣れてくると泣き声を聞いただけで何が不満なのかわかってきますけれど、なんで泣いているのかわからないときは、ちょっとの間泣かしておいて様子を見るのもいいかもしれません。世話をする人の「学習」のためにちょっと協力してもらうのです。でもちょっとだけです。赤ちゃんは、泣けば抱き上げてくれるし、かまってもらえると思うから泣くので、泣いても泣いても抱いてもらえない、かまってももらえないとしたら、そのうち赤ちゃんは泣かなくなります。

また、「アー」とか「オックン」とか呼びかけても応えてもらえない、遊んでもらえないとわかれば、赤ちゃんも黙《だま》ります。声を出すことで何かを訴《うった》えているわけですから、泣いても声を出しても効果がないとわかれば、赤ちゃんだってよけいなエネルギーは使いたくないのでしょう、だんだん泣かなくなります。けれど、これは「手のかからない、いい子」とか「一人でいることの好きな子」ではありません。赤ちゃんは手のかかるものなのです。手をかけて育てる存在なのです。

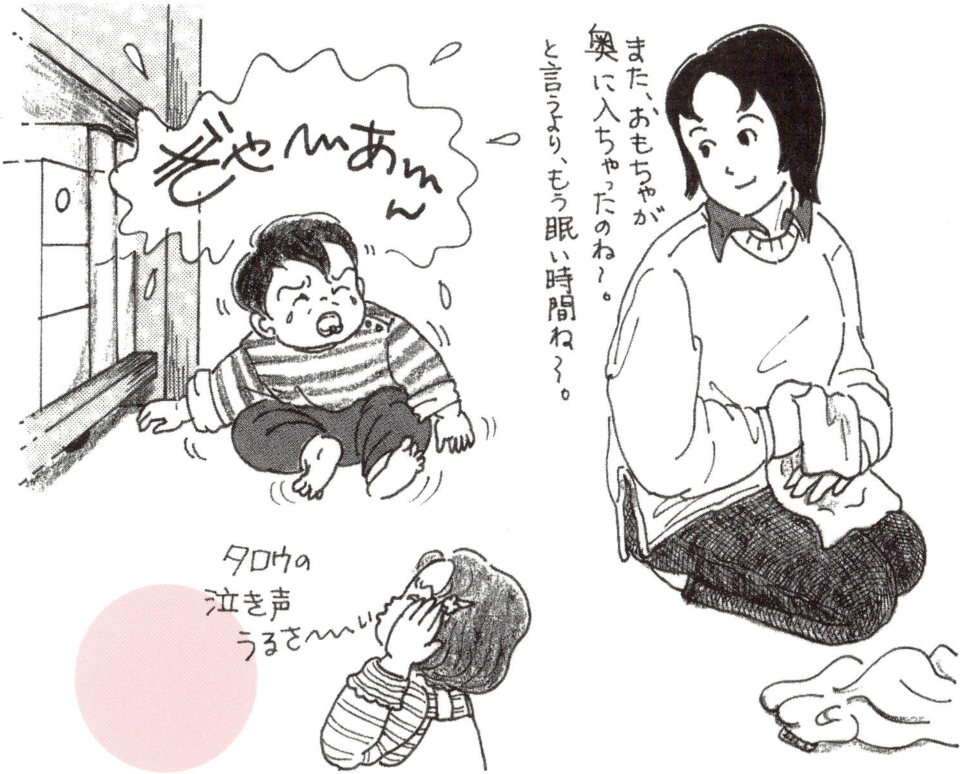
ぎゃんあ〜ん
また、おもちゃが奥に入ちゃったのね〜。
と言うより、もう眠い時間ね〜。
タロウの泣き声うるさ〜い

ほげあ ほげあ〜 ほげあ〜
(誰か来て〜)
ほげあ
(誰か来て〜)

し〜〜〜ん
(誰も応えてくれない!)
泣くことは、ムダなことなんだ。

親の言う通り、おとなしくて手がかからない子だけどあやしても笑わないわね……。
笑うのもムダ
保育士さん

まねしやすい動作をして見せる

見つめ合いながら育ってきた赤ちゃんは、この時期になると、相手をしっかり見つめることができるようになり、大人のやることをじっと見ていて、大人が「にぎにぎぱっ」（あそび方は 142 ページ）や「ちょちちょちあわわ」（あそび方は 140 ページ）などとやって見せるとまねをします。大人のやることをまねるのは楽しいことだとわかってきた赤ちゃんは、教えればどんどん「芸」を覚《おぼ》えます。次々と来るお客様に、姑《しゅうとめ》が「にぎにぎは？」「ばんざいは？」「ばいばいは？」と赤ちゃんに催促《さいそく》して「芸」をさせる。猿芝居《さるしばい》みたいでとてもいやです、という若いお母さんもいました。けれど、期待された「芸」をやって、大人に認められるということは、この時期の赤ちゃんにとって喜びでもありますし、人と人とのかかわりを育てる上でも大事なことです。ただし、赤ちゃんが楽しんでいるとき、それも一度か二度までです。大人がやらせたいことをさせるのではなく、赤ちゃんがやりたがっていることを察知《さっち》して応えてあげるというのが原則ですからね。

大人が歌う歌もまねしようとします。「むぅすぅんで　ひぃらぁいぃて」と歌うと「…で」「…て」と最後のところだけ声を出したりします。簡単な「せっせっせ」（あそび方は 168 ページ）もできるところだけまねて喜びます。ゆっくりていねいに歌ってあげましょう。

「まねる」は「まなぶ」です。同じことを何度でもしてあげましょう。この時期、かんたんな手あそびなどたくさんしてあげたいものです。

♪おきましょう
マネしているつもり

ちょっと前までは
そして
ガサゴソ
ガサゴソ
今は
おじぎするサル
かんぶかんぶ
順調に進化しているようです。

「あかるくなったら」のあそび方は 174ページ

少し乱暴な遊びをする

だっこしたまま「たかいたかい」（あそび方は 162 ページ）と持ち上げてもらったり、横抱きにしてゆらゆらゆすられるときも少し乱暴にゆすられるのを喜んだりします。おすわりがしっかりできるようになったら、腹這《はらば》いになったお父さんの背中に乗せてもらうのも喜ぶでしょう。上向きに寝て足を上げたお父さんの脛《すね》に乗せてもらっての「ひこうきごっこ」（あそび方は 163 ページ）や、はいはいの姿勢のまま持ち上げてもらっての「ジェット機ごっこ」（あそび方は 163 ページ）も好きです。赤ちゃんの腋《わき》の下から抱き上げて、赤ちゃんの足をぶらんぶらんさせる「振り子時計ごっこ」（あそび方は 164 ページ）も楽しいでしょう。そんな遊びをするときも「たろうちゃん、たかぁいたかい」と言ってあげたり、「ぶーんぶーん、ひこうきでぇす。お空を飛んでいきまぁす」「時計が鳴ります、ぼーんぼーんぼーん、３時でぇす。おやつの時間でぇす」と言いながら遊んであげるようにすると、楽しい経験と言葉が赤ちゃんの中に一緒に入っていくでしょう。

こういう遊びは大人にとってかなりエネルギーの要《い》る遊びです。特に上の子がいて、その子にもせがまれたら、そんなには続けられないでしょう。そんなときは突然やめるのではなく「あと１回でおしまいね」と言ってからやめると納得してくれるようです。

♪もぐらもち どけ どけ
たろどんの
おとおりだあい

ある日、公園で たかい たかいをしていたら…
たか〜い たか〜い
次、あたしー
もっとたかく〜〜
うわっ重いっ
保育士さんが腰を痛めるのもわかるなあ〜。
ハメちゃんのおばちゃん ぼくも
つぎ〜 ぼく〜

「もぐらもち」のあそび方は 167 ページ

ふり遊びをする

写真や絵のイチゴを見て「おいしそう！」とイチゴをつまむふりをして、まず大人があむあむと食べて「ああ、おいしい！」と言います。それから赤ちゃんに渡すと、赤ちゃんもあむあむと食べるふりをするでしょう。これを「ふり遊び」と言います。食べられないイチゴを食べたりするのは一見ばかばかしいように見えますが、こういう「ふり遊び」は、ものごとを抽象化して考えていく大事な訓練ではないかと私は思っているのです。絵のイチゴを食べておいしいと感じたり、見えないイチゴをお友達に分けてあげたりすることで想像力も育っていくでしょう。言葉と実物（実体験）としか対応できなかった赤ちゃんが、絵や抽象的な動作と言葉を対応させられるようになったということです。

もう少し年齢が進むと、おままごとやドライブごっこなど、いわゆるごっこ遊びをするようになりますが、赤ちゃんのときからふり遊びをたくさんしてきた子は、お母さん役でもペット役でも、その役になりきって楽しんでいるようです。いすを車に見立ててのドライブも、机を山に見立てての登山も、風《ふ》呂《ろ》敷《しき》をかぶってのお姫様も、なりきって楽しめる子は、赤ちゃんのときからふり遊びをたくさんやってきた子でしょう。

ふり遊びをたくさんして「〇〇のつもり」が上手になると、想像力も発想も豊かになります。

絵本を読む

そろそろ赤ちゃんのまわりに絵本を置いてみましょう。ゆっくりと読んであげると聞いているときもあるし、初めのページではあまり反応を示さないのに、大好きなページにくると大喜びするということもあります。本はめくりながら見るもの、ということもだんだんわかってきますし、めくるのも上手になって自分でめくりたがることもあるでしょう。めくりたがったら気がすむまでめくらせてあげて、喜ぶページは見たいだけ見せて、好きな本は繰り返し読んであげましょう。今大事なのは一緒に本を見る楽しさを感じてもらうことで、内容を伝えることではありません。絵本に親しみ、楽しむことなのですから。じっと眺《なが》めるより、なめたり破いたりしたがるようでしたら､別のおもちゃで遊びましょう。

絵本は、目に見える絵や読み手の声を通して、目に見えない世界で遊ぶためのものです。目に見えないものを受け入れる場所を作り、その場所を耕《たがや》すために読むのだと私は思っているのです。大好きな人の膝《ひざ》にすわって、その人の声で、その人の心も添えて読んでもらう、そのことで一段と絆《きずな》も深まることでしょう。けれど、絵本にこだわることはありません。わらべうたを歌いながらたっぷり遊べば、それだけでも十分なのです。

絵本の筋とは関係なくても、
赤ちゃんがその絵を見て何か
「おはなし」をしたがったら、
ゆっくり聞いてあげましょう。

はい、どうぞ。

1人目のとき
赤ちゃんのためになる…と言えば、やっぱり絵本かなー。どれがいい？
字も早く覚えてくれるかも…。本好きになってほしいし。
よい絵本
せっかく読んであげてるんだから聞いてよ！
この子、本きらいなのかなー。
よい絵本
あのときは無理してたなぁー。子どもと楽しもうなんて思ってなかったもの……。
また、わらべ歌の方が楽しそう～
せんべせんべ♪

「こうすればこうなる」がわかる

　赤ちゃんが、手に持っていたガラガラをうっかり落としたとしましょう。床の上にカタンと音がして落ちました。大人が「あーあ」と言って拾ってあげます。けれど赤ちゃんはさっきのカタンという音がおもしろかったのでまた落とします。「あーあ」と拾います。その「あーあ」もおもしろくてまた落とします。大人にはめんどくさい仕事ですけれど、赤ちゃんにとっては楽しい遊びです。「こうしたらこうしてくれる」ということがわかって遊んでいるのです。拾っても拾っても落とされると、大人は腹を立てて、どうせまた落とすんだから拾ってあげない！と拾うのをやめたり、落としてばかりいるからと取り上げたりすることもあります。けれど、赤ちゃんは大人をばかにしているわけではありません。期待した通りに大人が応じてくれる、それを喜びながら遊んでいるのです。

　呼び鈴を押すとピンポーンと鳴る、紐《ひも》を引っ張ると電気が点《つ》く、また引っ張ると消える。ラッパは吹くとプーと鳴る、口から離すと鳴らない。太鼓は叩《たた》くとトンと鳴る、叩かないと鳴らない。ネコのしっぽを引っ張るとギャ！　と鳴く。こういうことをたくさんやってみて、「こうすればこうなる」ということを学んでいるのです。

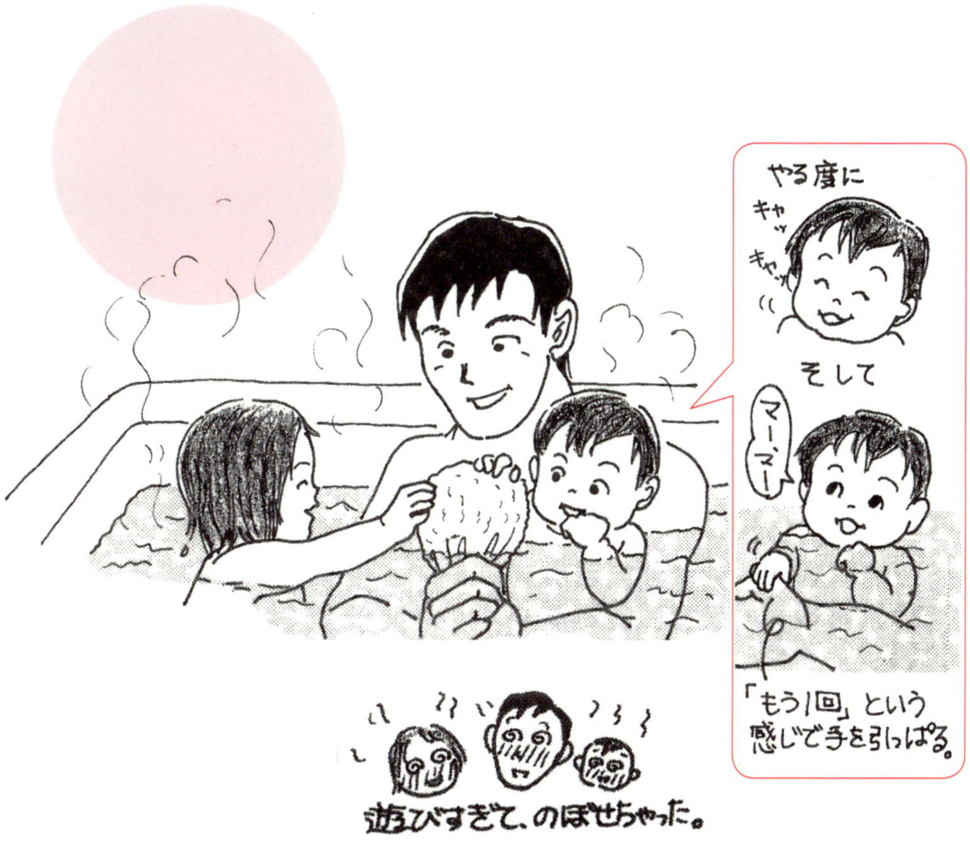
やる度に
キャッ
キャッ
そして
マー、マー
「もう1回」という感じで手を引っぱる。
遊びすぎて、のぼせちゃった。

ある日、おばあちゃんの家で
むんず
ギャアー
ガリ
それ以来、お互いに顔を合わせると、逃げるようになりました。
お互いに学習したのねー。

「海ぼうず」のあそび方は 171 ページ

一人遊び　こうしたいからこうする

赤ちゃんの要求に沿ってたっぷり相手をしてあげていると、赤ちゃんは満足して一人遊びを始めます。つかんだり放したりできる物、叩《たた》いたり押したり振ったり吹いたりすると音の出る物などを、いくつかまわりに置いておけば、一人でおしゃべりをしながら遊んでいます。本人としては音を出したいからこれを叩く、転《ころ》がしたいからこれを押す、とひとつひとつ確かめているのです。大人とかかわりたくなったら、エプロンを引っ張ったり、大声で泣いたりすればいいのだということもわかってきます。引き出しを引いて中を確かめてみたり、せっかく畳んでおいた新聞紙をばらばらにしたり、ティッシュペーパーをみな箱から出したり、大人の側から見れば困ったいたずらも、赤ちゃんの側からみれば自主的行動なのです。自分自身で「こうすれば」「こうなる」ということを確かめ、それを確かめると次は「こうしたい」から「こうする」という行動になり、目的を持った行動ができるようになります。

テレビの前にすわらせておけば、こういういたずらをされなくてすみますが、「こうしたいからこうする」という、目的を持った行動をする機会を取り上げてしまうことになり、赤ちゃんの「やる気」を摘《つ》み、自主性を押さえつけることにもなりかねません。

水たまりを見ると
必ず入ってバシャバシャせず
にはいられない
ぼく。
キャ
キャ
家の中で遊ぶより、外で思いっきり
遊んでもらった方が
私も気楽。
タロウも満足そう。
（おふろそうじしておいて
よかった～～。）
バシャッ
バシャ

幼い子のいる風景
今どろぼうが入ったとしても気がつかないかも…。
たっぷりやれば、そのうち
終わるときが来るよね～。
こうなったら私も、新聞
ビリビリだ～～っ。
ストレス解消っ
ひらき直り
ビリ
ビリ

安心の場

何もできなかった赤ちゃんですが、食べる物着る物の世話をしてくれる人がいて、しっかり支えてくれる人がいて、自分の存在を喜んでくれる人がいて、あやして遊んでくれる人がいる、そういう環境で育った赤ちゃんなら、この時期までに「人を信頼する」という気持ちがしっかり育ってきます。赤ちゃんがすべてを任《まか》せて安心していられる場、それを私は「安心の場」と呼んでいますが、１歳のお誕生の頃までにその「安心の場」にいる喜びを、赤ちゃんの心にしっかり根付かせたいものです。

赤ちゃんはその「安心の場」を軸にしてちょっとだけ「冒険の場」に出て行きます。そしてちょっとずつ、その「冒険の場」を広げていくのです。大人になってからもそうですが、人はだれかが自分のことをしっかり見ていてくれる、気にしてくれているとわかれば安心していられます。まして赤ちゃんには、声をかければいつでも返事をしてくれる人が必要です。いつも見ていてもらえると思うからこそ、自分のやりたいことを自分なりにやってみようという意欲がわいてきます。テレビを見ている人でなく、電話をかけている人でなく、メールを打っている人でなく、自分のほうを向いてくれる人が必要です。機械相手の時間はほどほどに。

きつねの
こんこが
追っかけてくるよ。
♪どんど
ばしわたれ~

安心の場
家族
親族
近所の方々
ちょっと行ってみよう
かなー
・はじめての場所
・はじめてのおもちゃ
・はじめての人間
・はじめての遊び
冒険の場（未知のもの未経験のもの）

「どんど橋」のあそび方は 167 ページ

人見知りをする　人に興味を持つ

１歳のお誕生前後から「人見知り」をして、知らない人が「おいで」と手を差し出したりすると、泣くことがあります。これは見慣れた人と見知らぬ人との区別がつくようになったということで喜ばしいことです。区別がつくということは、他人の存在も強く意識するということで、大人が２～３人でしゃべっていると、Ａさんがしゃべっていれば Ａさんの顔を、Ｂさんがしゃべっていれば Ｂさんの顔を、まるでピンポン玉を追うように会話に沿って忙しく見つめます。音の出どころがしっかりつかめるようになり、音を「選んで聞く」ことができるようになってきたのです。

また、お友達のやることや持ち物も気になって、お友達の持っているおもちゃが欲しくなると横取りしたり、お友達の遊びを邪魔《じゃま》したりして、トラブルも多くなってきますが、それもまた喜ばしいことです。お友達に興味を持たなかったり、呼びかけても知らん顔だったり、テレビやＣＤなどからの音が流れていないと不安がったりするとしたら、大人からの語りかけや、赤ちゃんの話を聞いてあげる時間が足りてないのかもしれません。静かな所で赤ちゃんとしっかり向き合う時間を作ってあげましょう。

やりたいよねー。消防には私が電話するよ。
キョロ キョロ
葉っぱもだいぶ落ちたし
今年はやきいも大会どうする?
やろうよー。去年の覚えてて、うちの子「いつー?」って聞くのよ。
行こうよー

こんにちはー いつも、すいません。いいんですか。
あら、お買いもの大変ね〜。だっこしてようか。
時々、タロウをみて下さる隣のおばさん
だっこするよ〜おいで。
うっうっ
うるうる
あら〜、この間まで平気だったのに…。お母さんがどこかに行ってしまうと思っているのね〜。かしこくなったね
すいませ〜ん。
この後 おばさんがあやして 私がニコニコしてたら、安心したのか、だっこされていました。助かった〜。

赤ちゃんを預ける

赤ちゃんを他人に預けようとすると、たいていの赤ちゃんは泣きます。けれど、２回３回と同じ場所、同じ人に預ければ、お母さんと離れるときだけは泣くことがあっても、あとはすぐ新しい生活に慣れるものです。ことに同年代のお友達がいるところであれば、２～３回で赤ちゃんは状況を理解し馴染《なじ》んでいきます。

いつまでも不安がって泣く赤ちゃんの場合、理由はいくつか考えられますが、そのひとつはお母さん自身が、こんな幼い子をひとに預けていいのかしらと不安に思っているときです。お母さんが保育者を信頼して預けられるようになると、不思議と子どもも保育者になつき始めます。もうひとつは、赤ちゃんとお母さんの信頼関係がうまくできていない場合です。「安心の場」がしっかりできていないと「冒険の場」には出て行かれないのです。もちろん理由はこれだけでなくいろいろあるでしょうが、家庭では赤ちゃんの要求にしっかり応えて、赤ちゃんが安心して過ごせるように配慮《はいりょ》し、預けるときにはお母さんも迷わずきっぱりと預ける、これを繰り返していけば、そのうち赤ちゃんも新しい生活に馴染んでいきます。

「ゆびきりげんまん　またあとで」「せっせっせ　待っててね」など別れるときの言葉を決めておくのもいいようです。

泣かれるとお母さんはうしろ髪を引かれる思いですが、たいていの子はお母さんの姿が見えなくなると遊びに目を向けていきます。

♪ゆびきり
げんまん
また あとで〜
保育者

あっタロウの泣き声
やっぱり預けるの、早すぎたかな〜。
あんなに泣いて…。
かわいそうかも…。
保育の人は大丈夫って言ってたけど、ちょっとのぞいて見ようかな〜。
な〜んだ
♪今泣いたカラスがもう笑った〜♪
キャ キャ

「泣いたカラス」のあそび方は 156 ページ

社会的ルールを示す

赤ちゃんも手足が自由に動かせるようになると、いろいろ「悪さ」をしてくれます。公園の花を摘《つ》んだら「め！」、お菓子を横取りしたら「め！」、お姉ちゃんの大事な物を壊《こわ》したら「め！」、大きな声を出さなくても「め！」と言われたときは、自分の行動をひとまず中止するのだと、赤ちゃんがわかればいいのです。叱《しか》られる、ひとまず中止する、また同じことをする、叱られる、中止する、この繰り返しが大事、まずは半年を目安に言い続けてみてください。とはいえ、初めての子のときは一度言ってもきかないと、もっと厳《きび》しく叱らなければいけないのかと悩んでしまうのですよね。大声を出す必要はありませんが、だめなものはだめと、いつも同じ態度で繰り返すことは大事です。

「何もわからない赤ちゃん」だから仕方がないのではなく、「なんでもよく見て学んでいる赤ちゃん」だからこそ、社会のルールを示していく必要があると、私は思っています。赤ちゃんは黙《だま》っていますけれど、しっかり大人の態度を見て学んでいるのです。スーパーで勝手に物をつかんだときも、バスや電車のいすに靴のまま立ったときも「これから世に出る赤ちゃんだからこそ」教えていかなければならないのです。

タロウが〜
髪の毛引っぱった〜〜
めっ
痛いのよ。

めっ
汚ないものや
危ない
ものを
口にしたり
めっ
触ったりは、
見つける度に
めっ
言い続けて
半年！
ようやく収まったかな…。
まずは
半年。
ひとり目の時は、見通しが立たなくてイライラしたけど。

あら〜〜、まだ、赤ちゃんだから、わかんないのよ〜。許してねぇ。
ぎゃ〜
あら〜〜ごめんね〜
幼稚園に入ったら教えてもらって、わかるようになるよね。
小学生になったら…。
中学生になったら…。
社会人になったら…。
借金の返済としつけの先送りは利息が増えるのよね。

障害のあることに気づいたら

首のすわりが遅い、はいはいをしない、言葉が出てこないなどなど、体のどこかがうまく機能していないと思えるお子さんも、１歳過ぎごろまでにはだいたい気づかれるでしょう。異常が見つかったら、なるべく早くお医者様と相談されることをおすすめします。たいていの親御《おやご》さんは（私の知っている方々は）いっときショックを受けたとしても、その障害も含めてまるごとその子を受け入れていきます。体の障害はお医者様とも相談しながら、ひとつの個性として受け止めていけばなんとか乗り切れるとおっしゃる方も多いのですが、今の世の中、体の障害以上に障害になるのが、社会的偏見です。その偏見や差別のほうがよほど大きな障害で、それを乗り切るためにもお友達を作りましょう。乗り切るための強靱《きょうじん》な意志とエネルギーを要求されるとき、親も子もお友達がいればずいぶんラクになるでしょう。また地域には共通の悩みを抱《かか》えた人たちのグループがたいていあります。障害によっては少し遊び方を変えなくてはならないかもしれませんが、障害があればなおのこと、たくさん語りかけ歌いかけ笑いかけて遊びましょう。その子のリズムに合わせて、その子に合ったやり方で、たくさんたくさん遊びます。それはその子の体にもきっといい影響をもたらします。

第4章 わらべうたであそぼう

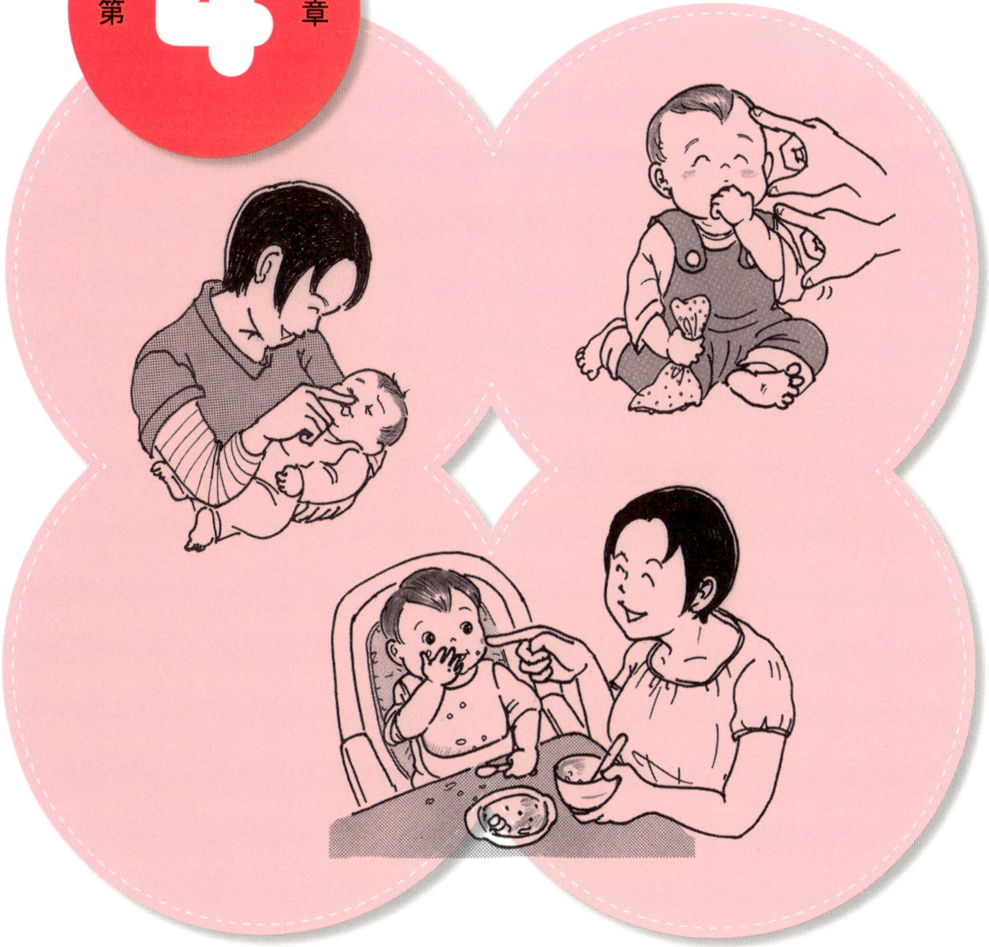

CD この第４章で紹介しているわらべうた・あやしうたは、付属の CD に収録しています。
そのまま赤ちゃんに聞かせるのではなく、歌ってあげるときの参考にしてください。

生まれたばかりの赤ちゃんに

生まれたばかりの赤ちゃんは、ただ飲んで出して眠っているだけのように思えますが、そんなときでも語りかけ、歌いかけましょう。赤ちゃんはお母さんの声にちゃんと耳を傾けているようです。語りかけに応えることはまだできませんけれど、心地《ここち》よい音は赤ちゃんの中に入って蓄《たくわ》えられていきます。おっぱいをふくませながら、おむつを取り替えながら、お顔を拭《ふ》きながら、ねんねさせながら、歌ってあげましょう。きちんとした歌でなくてもいいのです。語りかける言葉にちょっと節《ふし》（メロディー）をつければ、それがもうわらべうたです。

＊ほら　おっぱいよ

CD 1番目に収録

♪ほ～ら
おっぱいよ

飲み始めたら静かに赤ちゃんの顔を見ていると、赤ちゃんは目を閉じたり、お母さんの顔を見つめたりしながら飲むでしょう。

ほー ら おっ ぱい よ

＊んぐんぐのんで

CD 2番目に収録

♪んぐんぐ
のんで〜

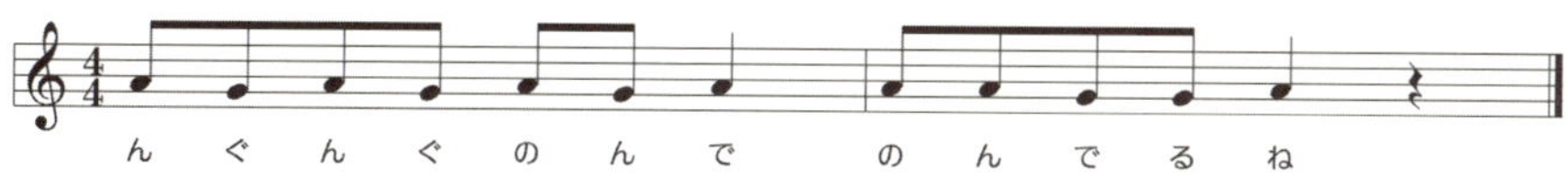

ん ぐ ん ぐ の ん で の ん で る ね

＊ほっぺつんつん

CD 3番目に収録

つん
つん
"復活"
ん
ぐ
んぐ

ついつい
面白くて、
いつも
してしまうの。

ほおをよこから
軽くつっつく
（正面からつっつくのは
怖がります）

ごきげんのいいときに、ほおを「つんつん」と軽くつつきながら歌います。また、おっぱいを少し飲んだだけでとろとろし始め、もうちょっとしっかり飲んでほしいと思うときにも。無理に飲ませる必要はありませんが、ちょっとつつけばまた飲み始めることもあります。

＊あんよのびのび

CD 4番目に収録

♪ あんよ　　♪ のびのび

足を持って膝を曲げて

伸ばす

おむつを取り替えるときに足を伸ばしたり縮《ちぢ》めたり、開いたり閉じたりさせながら歌います（痛がるようでしたら脱臼《だっきゅう》の心配もあります）。よごれたおむつを取った後、少しの間こんな歌を歌いながらお尻《しり》を出しておくと赤ちゃんの肌のためにもいいようです。

わらべうた

あん　よ　の－　び　の　び

＊ぎゅっこぎゅっこ　つちふむな

CD 5番目に収録

♪ ぎゅっこぎゅっこ
つちふむな

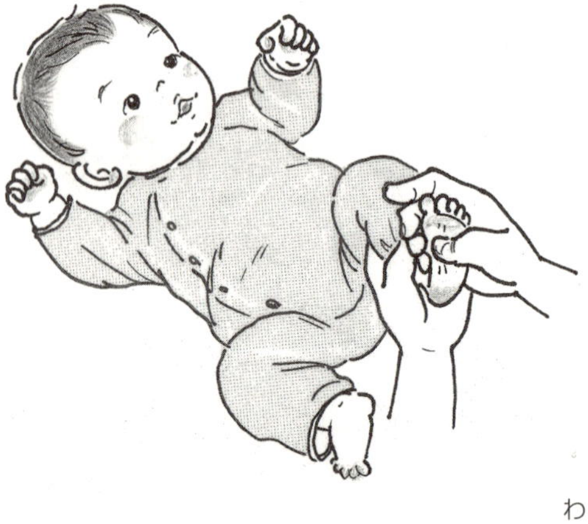

●印のところで
土踏まずの部分を
親指で押す

わらべうた

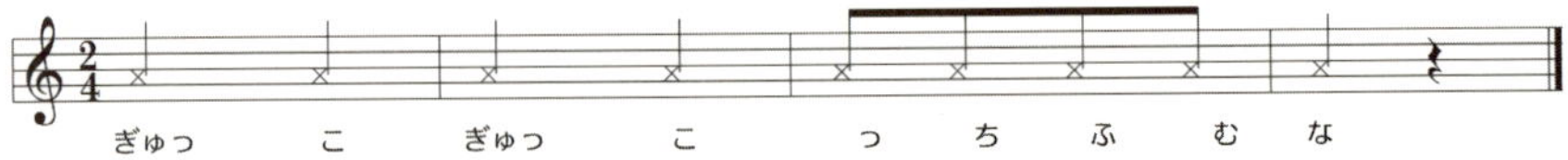
ぎゅっ　こ　ぎゅっ　こ　っ　ち　ふ　む　な

＊こんぞこ合わせて

CD 6番目に収録

♪ こんぞこあわせてしゅーしゅー

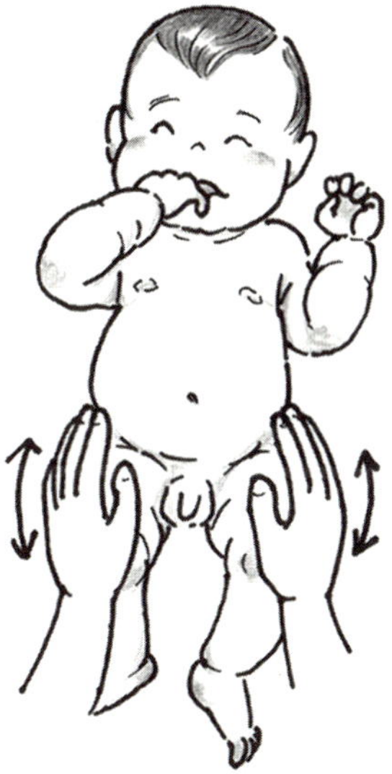

膝《ひざ》を合わせて脚《あし》の外側をさする

♪ こんぞこはなしてしゅーしゅー

膝を離して脚の内側をさする

わらべうた

こ ん ぞ こ あ わ せ て しゅ しゅ こ ん ぞ こ は な し て しゅ しゅ

＊いいこだ　いいこだ

CD 7番目に収録

お風呂の好きな赤ちゃんでも、顔洗いは嫌がる子がいます。そんなとき何か歌ってあげると、おとなしくしています。

いいこだ♪

いい こだ いい こだ ほー ら き れ い に なー っ た

＊いいこはどぉこ❶

CD 8番目に収録

♪ いいこはどぉこ

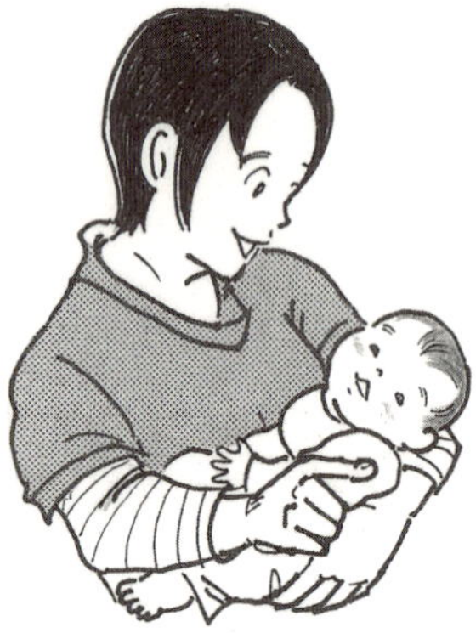

指であちこち指す

♪ いいこはこぉこ

赤ちゃんを指す

♪ いいこは○○ちゃん

鼻をつつく

わらべうた

いー こ は ど ー こ いー こ は こー ー こ いー こ は た ろう ちゃん

＊いいこはどぉこ❷

♪ いいこはどぉこ

首をあちこちに向けて
誰かさがすようにする

♪ いいこはこぉこ

赤ちゃんを見る

♪ いいこは○○ちゃん

ギュッと抱きしめる

※「○○ちゃん」のところは赤ちゃんの名前で歌います。

＊ここはとうさん　にたところ

CD 9番目に収録

♪ここは～

♪ ここはとうさん
にたところ

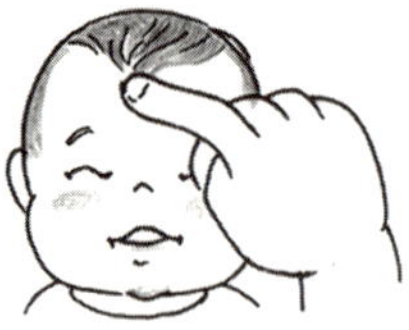

まゆげや鼻、口などを
適当になでる

♪ ここはかあさん
にたところ

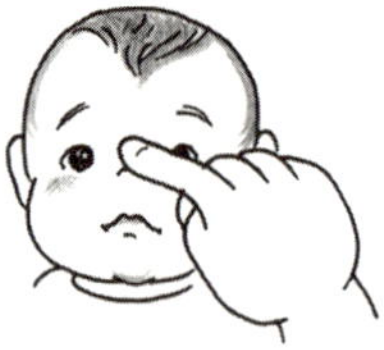

同様に顔の
どこかをなでる

♪ ここはじいちゃん
にたところ

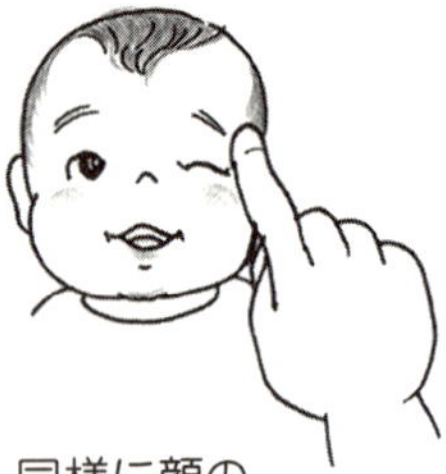

同様に顔の
どこかをなでる

♪ ここはばあちゃん
にたところ

同様に顔の
どこかをなでる

♪ だいどうだいどう

顔のまわりを
やさしく2回なでる

♪ こちょこちょ
こちょ～

あごの下を
くすぐる

父ちゃん、姉ちゃん、叔父《おじ》ちゃんなどいろいろ遊んでください。顔をいじられることを嫌う赤ちゃんもいます。大きな大人の手が目の前でうろうろしたら恐ろしいかもしれません。脇の方から指さしてあげてください。

わらべうた

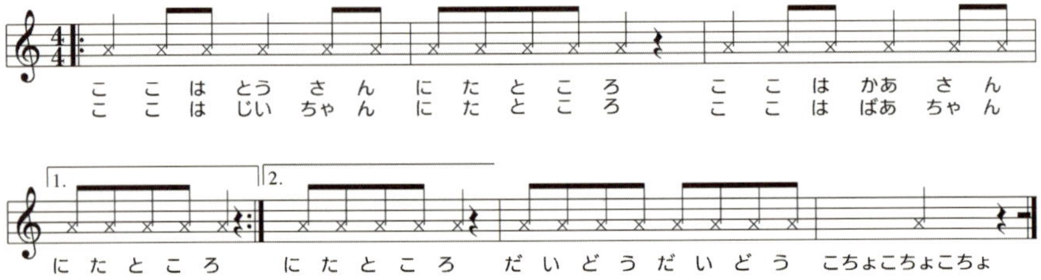

こ こ は とう さ ん に た と こ ろ こ こ は かあ さ ん
こ こ は じい ちゃ ん に た と こ ろ こ こ は ばあ ちゃ ん
1.
2.
に た と こ ろ に た と こ ろ だ い ど う だ い ど う こちょこちょこちょ

マンガ お父さんもやりた〜い！の巻

このわらべうたは命のつながりを赤ちゃんに教える歌です。親に似ている、そのまた親に似ているということは、親のまた親の親から、ずっと命がつながって今赤ちゃんがここに居るということです。そんなことを伝えるつもりで遊んでみましょう。

＊ここにいるのは　とうさん

CD 10番目に収録

♪ あそこに
いるのは か～あさん

こー こ に い る の は とー う さん こー こ に い る の は
かー あ さん こー こ に い る の は ねー え ちゃん

＊でなでなひっこめ

CD 11番目に収録

♪ でなでなひっこめ

これを毎日
すると、美人に
なるんだって。
びじんって?

ひたいを軽くたたく

「でな」に抵抗のある方は「おぉでこ　おぉでこ　ひっこぉめ」と歌ってください。富士額《ひたい》というあまり広くない額《ひたい》が美人とされた時代がありました。鼻の高いのは賢《かしこ》そうに見えるからでしょう。耳たぶが大きいと福耳《ふくみみ》といって金持ちになると思われていました。まあ希望通りにはいかなくても、一緒に遊んだという楽しさは残るでしょう。

♪ はなはなたかくなれ

鼻を軽くつまむ

♪ みみみみふくくなれ

耳たぶを軽く引っぱる

※「でな」は、福島弁で額《ひたい》（おでこ）のこと。

わらべうた

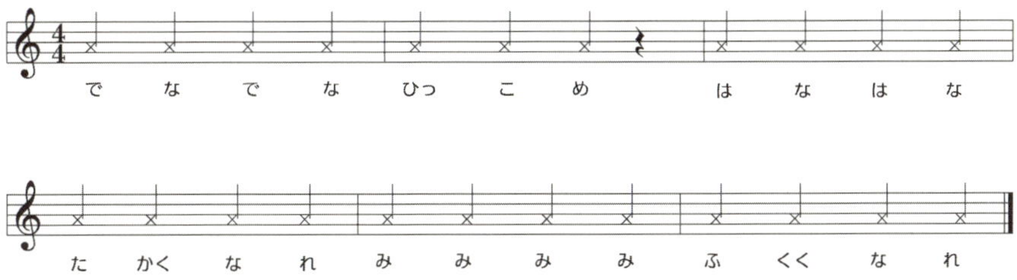

で な で な ひっ こ め は な は な
た かく な れ み み み み ふ くく な れ

相手の顔を じっと見るようになったら

赤ちゃんが、しゃべったり歌ったりしている人の顔をじっと見るようになったら、音の出どころを確かめているのです。そしてどうやったらあんな音が出るのかとさぐるように、しゃべったり歌ったりしている人の口元をじっと見つめます。赤ちゃんと向き合って「れろれろ」だの「っぱ」だのを何回もやって見せると、赤ちゃんもなんとなくまねして口を動かします。今までに赤ちゃんをあやしたことのない人は、なんだかばかばかしく思えるかもしれませんが、赤ちゃんが言葉を覚《おぼ》えるための大事な遊びです。

＊いないいないばあ

CD 12番目に収録

いないいない

両手で
顔をかくす

ばあ

「ばあ」と同時に
笑った顔を出す

「いないいないばあ」は、赤ちゃんにとってとても大事な遊びです。大好きな人が一瞬見えなくなってしまう、でもそのあと「ばあ」と出てくることを期待して、その消えた一瞬を楽しむのです。大げさに言えば、一瞬の孤独を楽しむのです。

＊れろれろ

CD 13番目に収録

「れ」で
舌を出し、
「ろ」で
引っこめる

＊べえ

CD 13番目に収録

「べえ」で
舌を出す

＊っぱ

CD 14番目に収録

急に口を開けて「っぱ」という
破裂音《はれつおん》を出す

＊あ　ぷ

CD 14番目に収録

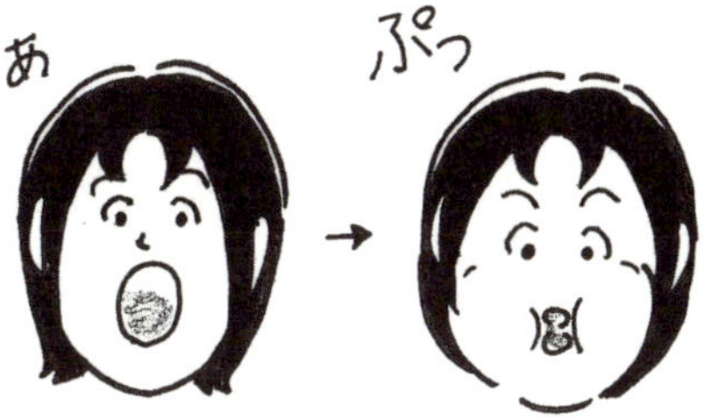

軽く「あ」と口を開けて、
「ぷ」とほおをふくらます

唇《くちびる》と舌でいろいろな音を出して見せましょう。赤ちゃんは喜ぶだけでなく、音（声）を出すのに唇と舌が大事な役割を果たしているのだということにも気づくはずです。

＊べぇ　ぺろん

CD 15番目に収録

べぇ

ぺろん

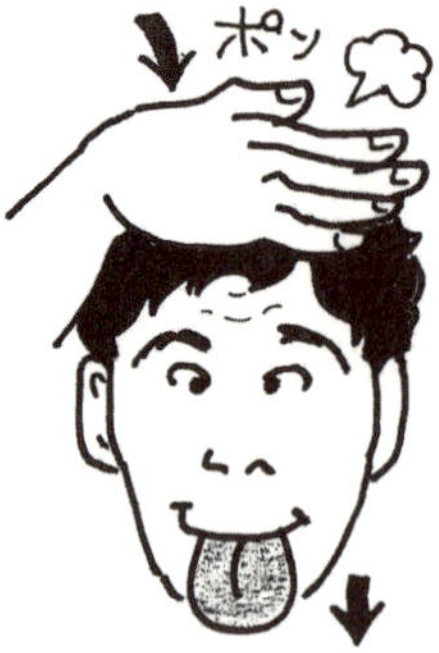

頭を叩《たた》いて舌を
「べぇ」と出す

あごをつまんで舌を
「ぺろん」と引っこめる

頭を叩《たた》くと同時に舌を出し、あごをつまんで舌を引っ込めます。妹にやって見せている父の脇で、からくりおもちゃのように出たり引っ込んだりするその舌を、私は飽《あ》きずに眺《なが》めていたものです。

＊かんぶかんぶ

CD 16番目に収録

♪ かんぶ　かんぶ　かんぶ

うなずく動作

「かんぶかんぶ」は、冠（こうぶり）からきた音だと思いますが、肯定《こうてい》の意をあらわす遊びです。
「いやいや」は、その反対。

わらべうた

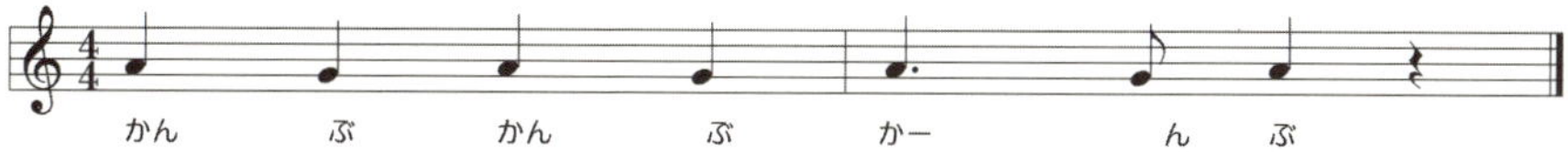
かん ぶ かん ぶ かー ん ぶ

＊いやいや

CD 16番目に収録

いや　いや

ハナのマネ
そんなことしないもん

首をよこに振る

眠らせ歌

早く寝て欲しい、この子が寝たらあれもやらなきゃ、これもやらなきゃ…と思いながら寝かしつけると、不思議と赤ちゃんはなかなか眠らないのです。お母さんのあせりが赤ちゃんに伝わるのでしょうね。寝かしつけるときは、赤ちゃんが心地《ここち》よいと感じるリズムで（つまりゆっくりと）そっとゆすってあげたり、そっと叩《たた》いてあげたりしましょう。お母さんの心臓のあたりに赤ちゃんの耳をあてがうように抱くと寝つきがいいという人もいますが、心臓のリズムが心地よく聞こえるのでしょう。足の指にさわってあげるのも眠りを誘うようです。

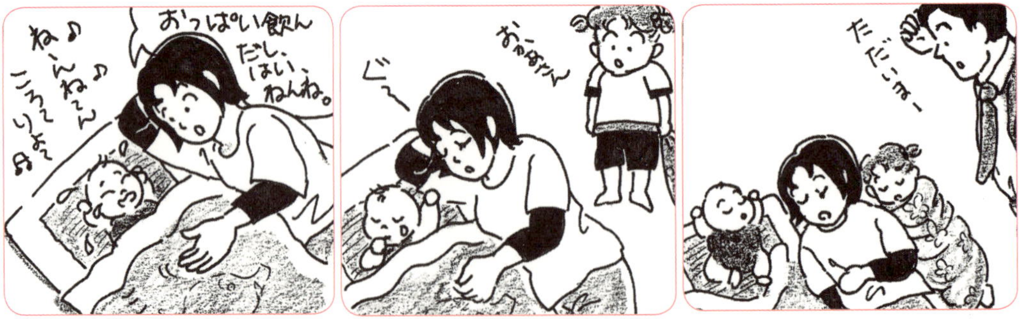

一緒に眠ってしまおうというぐらいの気持ちでいると、すぐ寝つきます。車に乗せると寝るからと、車で寝かしつける方もいますが、この時期は赤ちゃんの脳によくないでしょう。

＊ねろぉ　ねろぉ

CD 17番目に収録

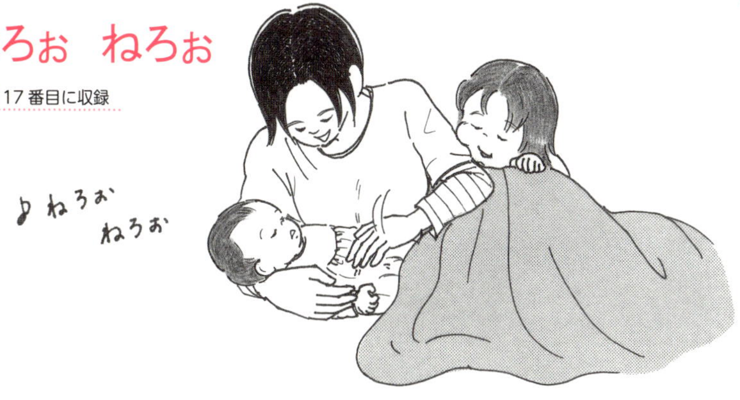

♪ねろぉ
ねろぉ

わらべうた

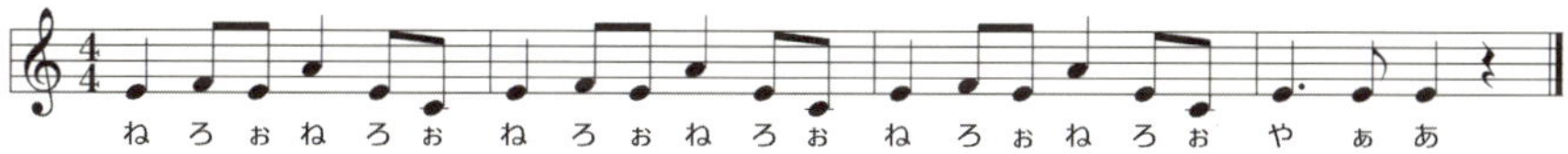

ね ろ ぉ ね ろ ぉ ね ろ ぉ ね ろ ぉ ね ろ ぉ ね ろ ぉ や ぁ あ

＊ねろてばやぁ

CD 18番目に収録

ね♪ ろて〜 ばやぁ〜♪
♪ばやぁ〜
ねろて♪
さすが！ねむらせ名人

こんな単純な歌でも赤ちゃんのリズムに合ってさえいれば眠ります。

わらべうた

ね ろ て ば や ぁ ね ろ て ば やぁ

＊江戸子守唄

CD 19番目に収録

わらべうた

ねんねんころりよおころりよ
ぼうやのおもりはどこへいった
さーとのみやげになにもろうた
ぼうやはーいいこだねんねしな
あのやまーこーえてさとへいった
でんでんーだいこにしょうのふえ

赤ちゃんを寝かせるときのわらべうたは「子守歌」と呼ばれていますが、日本の子守歌には2通りあります。ひとつは「赤ちゃんに向けて歌う歌」、もうひとつは「子守り役がみずからを慰《なぐさ》めるために歌う歌」です。貧しい家の娘が他家の子守りに雇われて、こき使われたときの名残《なごり》です。そんなわけで物悲しい旋律《せんりつ》の子守歌も多いのですが、なんだか物悲しいから日本の子守歌は嫌いというお母さんもいます。そういう方はシューベルトの子守歌でも、モーツァルトの子守歌でも、即席の子守歌でも、静かに赤ちゃんの呼吸に合わせて歌ってあげればいいのです。赤ちゃんの呼吸に関係なくＣＤなどから流れてくる子守歌よりはきっと赤ちゃんが心地《ここち》よく思うでしょう。

＊ゆりかごの歌

CD 20番目に収録

作詞／北原白秋　作曲／草川 信

ゆ り か ご の う た を カ ナ リ ヤ が う た う よ
ね ん ね こ ー ね ん ね こ ね ん ね こ よ

＊おやすみ　たろうちゃん

CD 21番目に収録

作詞・作曲／藤田浩子

お や す み た ろう ちゃん きょう の ゆ め は
お や す み み い ちゃん きょう の ゆ め は
たろう ちゃん が うん てん しゅ に なっ た ゆ め
みい ちゃん が おか あ さん に なっ た ゆ め

体にさわる遊び（くすぐり歌）

赤ちゃんの脳は皮膚にあると言う学者さんもいますが、赤ちゃんはさわられるのがとても好きです。さわるだけでも、こするだけでもいいのですが、ちょっと刺激的に、歌の最後でくすぐってあげるともっと喜びます。何度もやっているうちに、歌の途中で「このあとくすぐられる」とわかってきて、くすぐる前からくすぐられることを期待して体をもぞもぞさせたりします。つまり、次に起こることを予想して喜ぶことができるようになるのです。これは、赤ちゃんの脳がしっかり育っているということでしょう。

＊しゃくとりむし

CD 22番目に収録

♪しゃくとりむ～し
♪しゃくとりむ～し

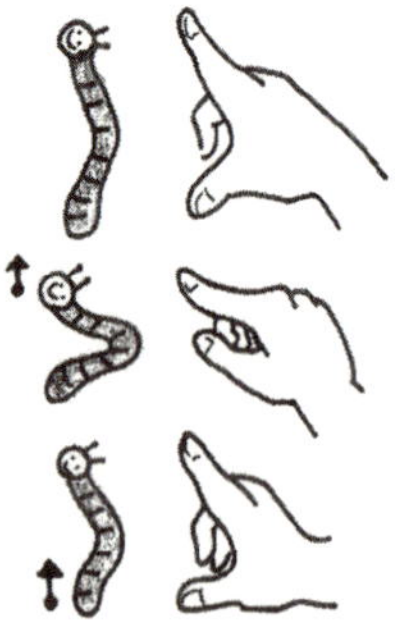

歌に合わせて、指をしゃくとり虫のように動かし、体を這《は》わせる

わらべうた

しゃ く と り む し しゃ く と り む し ど こ い く の
しゃ く と り む し しゃ く と り む し さ ん ぽ で す

＊一《いち》里《り》二《に》里《り》

CD 23番目に収録

いちり

にり

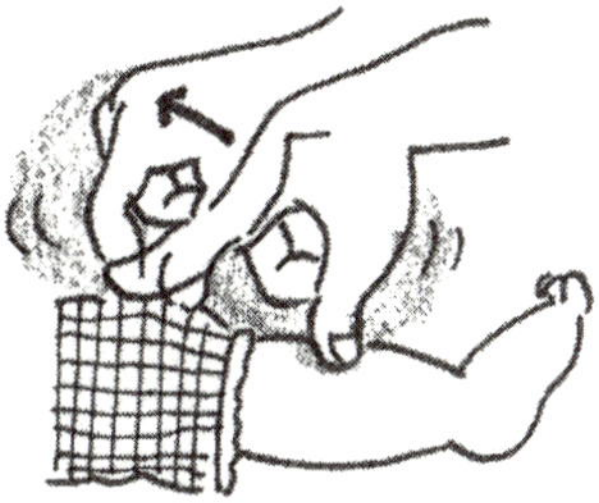

足の先から、指をしゃくとり虫のように這《は》わせて進む

さんり

しりしりしり

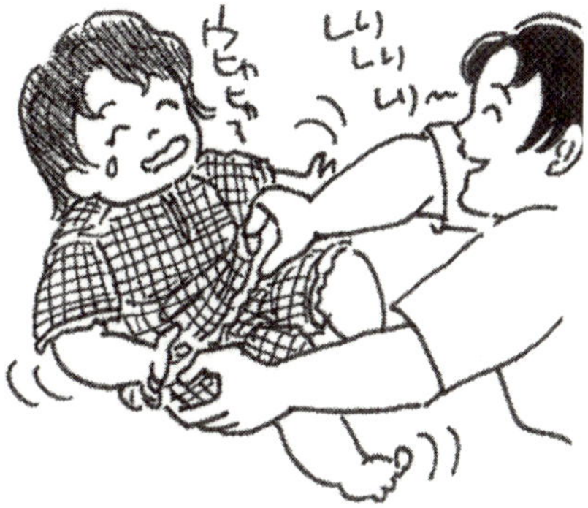

「しりしりしり～」と言いながら
お尻《しり》のあたりをくすぐる

*ちっちゃい豆　こ〜ろころ

CD 24番目に収録

♪ ちっちゃいまめこ〜ろころ

もみもみ

足の小指を軽く引っぱる
（または軽くもむ）

♪ ちっとふくれて
こ〜ろころ

薬指を同様にする

♪ もちっとふくれて
こ〜ろころ

中指

♪ もちっとふくれて
こ〜ろころ

人さし指

♪ こんなにふくれてこ〜ろころ

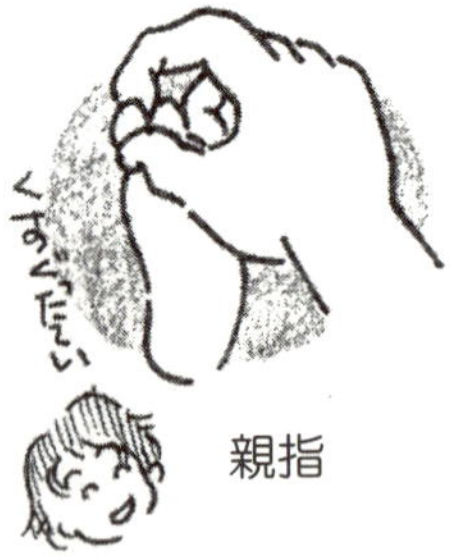
くすぐったい

親指

おかあさん。今日も
「こ〜ろころ」やって〜♡
はい、はい。

わらべうた

ちっ ちゃ い ま め こー ろ こ ろ ちーっ と ふ く れ て こー ろ こ ろ
も ちっ と ふ く れ て こー ろ こ ろ も ちっ と ふ く れ て
こー ろ こ ろ こ ん な に ふ く れ て こー ろ こ ろ

＊かっぱの子

CD 25番目に収録

♪ ねんねこねんねこたろうちゃん
おしりをねらうは

ぽんぽん

歌に合わせてお尻《しり》を叩《たた》く

♪ かっぱのこ

つねっ

最後の「こ」でお尻を軽くつねる

とんとんと叩《たた》かれながら、「おしりをねらうは…」あたりになると、赤ちゃんは「くるぞくるぞ」という感じで、次の動作を期待します。そして期待通りにつねられて喜ぶのです。ここにも「期待する」「それに応える」という大事な要素があります。

※「たろうちゃん」のところは赤ちゃんの名前で。

わらべうた

ねんねこねんねこ たろうちゃん おしりをねらうは かっぱのこ

＊めぐろさんをまいて

CD 26番目に収録

♪ めぐろさんをまいて

目のまわりを拭《ふ》く

♪ はなのやま
のぼって

鼻を拭く

♪ こいしをひろって

小さい
穴だなー

鼻くそを取る

♪ いけのはたまわって

口のまわりを拭く

♪ ほ〜らきれいになりました

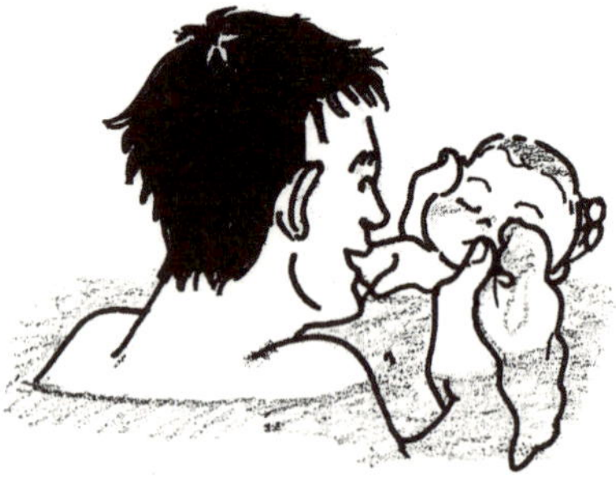

ほお、おでこ、
ほおと拭いていく

それぞれの地方に伝わっている顔拭《ふ》き歌があるはずです。その地方の歌をご存じの方は、その歌を歌ってあげてください。

わらべうた

めー ぐろ さん を ま い て はー なの や ま の ぼっ て こ い し を ひ ろっ て
い けの は た ま わっ て ほー ら き れ い に な り ま し た

＊むなさかこえて

CD 27番目に収録

♪ むなさかこえて

胸を2回くらいなでる

♪ はらのまちとおって

おなかを2回くらいなでる

♪ はるばるきました

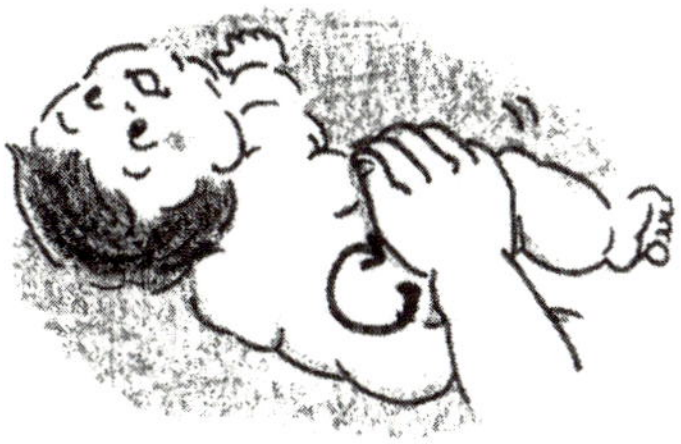

体をゆっくりまわしながら、

♪ しものせき〜

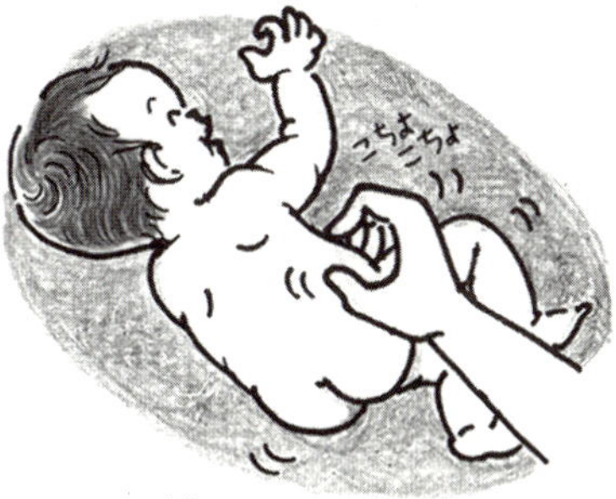
こちょこちょ

お尻《しり》をくすぐる

「はるばるきました」まではゆっくりなでて、「しものせき〜」は早口で言いながらくすぐります。赤ちゃんの体を裏返さず仰向《あおむ》けのまま、手をお尻《しり》の下にもぐりこませて、くすぐってもいいです。

わらべうた

むなさかこえて　はらのまちとおって　はるばるきました　しものせき

＊一本橋こ〜ちょこちょ

CD 28番目に収録　※楽譜は137ページ

♪ いっぽんば〜し

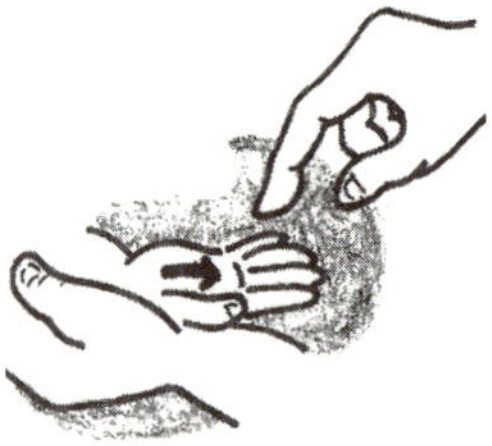

子どもの手のひらを
1本の指でなでる

♪ こ〜ちょこちょ

1本の指でくすぐる

♪ に〜ほんば〜し

2本の指でなでて

♪ こ〜ちょこちょ

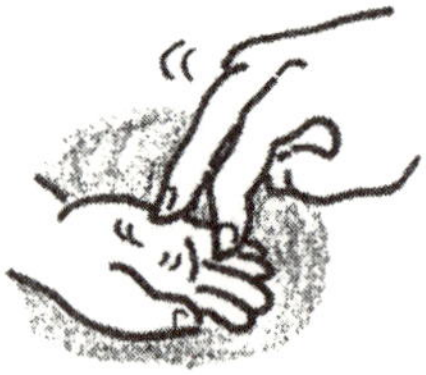

2本の指でくすぐる

♪ さんぼんば〜し　こ〜ちょこちょ
よんほんば〜し　こ〜ちょこちょ
ご〜ほんば〜し　こ〜ちょこちょ

同様に3本の指、4本の指、
5本の指でなでて、くすぐる

♪ つねって

♪ たたいて

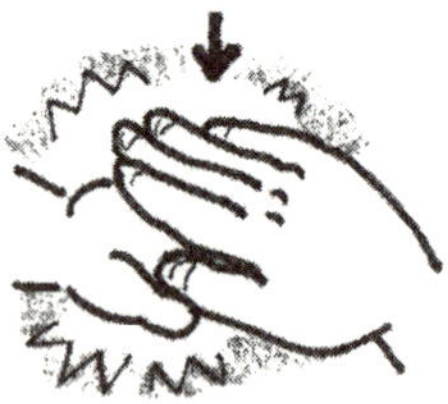

※ 飽《あ》きるようなら適当に省略して遊びましょう。

♪ かいだんのぼって

子どもの腕を階段に
見立てて昇っていく

♪ こちょこちょこちょ〜

ケタ
ケタケタ

腋《わき》の下まで昇ったらくすぐる

「いっぽんば〜し♪」と
歌いはじめると、こちょ
こちょを期待しているのか、
子どもの目がパ〜っと
輝くのよね〜。何回も
やってあげたい…
けど
しかし、
もう
1回
10回めだよ…

※子どもが満足するまで、繰り返しどうぞ。切り上げたいときは「あと1回ね」と言ってから。

＊春風ふ〜

CD 29番目に収録

♪ はるかぜふ〜

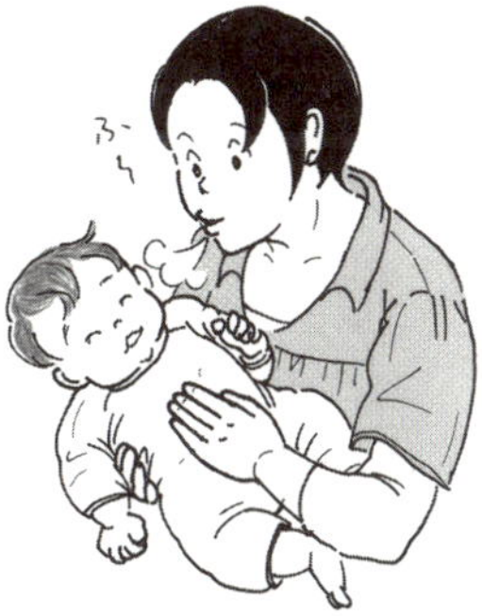
ふ〜

耳にふ〜っと
息を吹きかける

♪ さくらのはなびら

はなびら〜

花びらが舞うように
手をひらひらさせる

♪ ひ〜らひら

ひ〜らひら

赤ちゃんをくすぐる

作詞・作曲／藤田浩子

は る か ぜ ふー さ く ら の は な び ら ひー ら ひ ら
あ き か ぜ ふー も み じ の はっ ぱ が ちー ら ち ら

＊一本橋こ〜ちょこちょ

わらべうた

いっ ぽん ばー し こー ちょ こ ちょ にー ほん ばー し こー ちょ こ ちょ
さん ぼん ばー し こー ちょ こ ちょ よん ほん ばー し こー ちょ こ ちょ ごー ほん ばー し こー ちょ こ ちょ
つ ねっ て た た い て か い だ ん の ぼっ て こちょこちょこちょ

おすわりができるようになったら

おすわりができるようになると、視野が一段と広がります。そして手も頭も今まで以上に自由に動かせます。大人に遊んでもらうだけではなく、自分でもやってみようとします。おすわりが上手になると自由になった両手でばったんばったん床を叩《たた》くこともあるでしょう。そんなときに「ねずみの子」を歌ってあげたり、両手を握ったり開いたりするようになったら「にぎにぎぱっ」をしてあげたり、赤ちゃんの動きに合わせて歌ってあげましょう。赤ちゃんの力で起きあがる「おきれおきれおにの子」は、紐《ひも》なしでだっこやおんぶをするときに大事なしがみつく力を育てます。

＊いないいないばあ　いろいろ

CD 30番目に収録

いないいない

ばあ

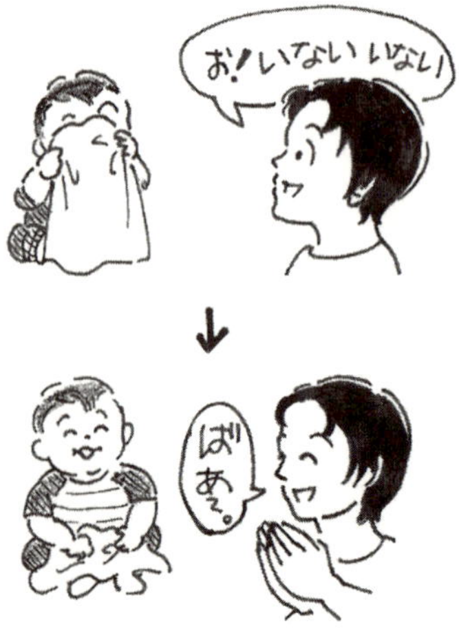

大人がやって見せる「いないいないばあ」は、赤ちゃんから見ればやってもらうだけの「片道の喜び」ですが、赤ちゃんが自分でする「いないいないばあ」は相手を喜ばせ、その喜ぶ顔を見て自分が喜ぶという「往復の喜び」です。こういう喜び方をたくさん経験させたいものです。

「いないいないばあ」は赤ちゃんをあやすときの代表的な遊びです。顔だけでなく、いろいろな「いないいないばあ」をして見せてあげましょう。

風呂敷《ふろしき》をかぶって「いないいない」をして見せた後、赤ちゃんにその風呂敷をかぶせると、自分で風呂敷を引っ張って、「ばあ」をして喜びます。顔だけでなく体全体を隠しても、しばらくの間は待っていられます。大人がカーテンの陰やドアのうしろに隠れて「いないいない」と言えば、一瞬とても不安な顔をしますけれど、じっと「ばあ」を待って、姿を現せば、大喜びをします。姿を現す少し前から、もう出てくるぞ、もう出てくるぞと期待して喜ぶこともできるようになります。「いないいない」の間、赤ちゃんはとても不安になっているはずです。けれど、そのすぐ後に「ばあ」がくることがわかっているので、その不安に耐えることができるのです。逆に言えば「ばあ」の喜びを大きくするために、その前の「いないいない」の緊張に耐えているという感じです。一瞬の孤独が楽しく感じられるのは、その後に「ばあ」があるからで、大人を（人間を）信頼しているからこそ楽しめる遊びです。これが発展して「待て待て遊び」になり「かくれんぼ」になっていきます。

英語圏では、peek a boo と言いますが、世界中どこの国にもある遊びのようです。

＊ばったんばったん　ねずみの子

COD 31番目に収録

♪ ばったんばったん　ねずみの子
　でていけでていけ　ねずみの子

歌に合わせて手で床を交互に叩《たた》く

手をあげても転《ころ》ばずにすわっていられるようになったら、こんなあそびをしてみましょう。昔、どこの家にも天井裏とか床下にねずみがいたころの遊びです。

※ CD に収録されている歌は「出て来いねずみの子」になっていますが、正しくは「出て行け」です。ごめんなさい。

＊ちょちちょちあわわ

COD 32番目に収録

♪ ちょちちょち

手を2回叩《たた》く

♪ あわわ

口を叩く

こういう「芸」はまず大人が見せることから始まります。「ちょちちょち」というのは「拍子《ひょうし》」の幼児音かと思いますが、「上手上手」が「ちょうつちょうつ」になり「ちょうちちょうち」になったと推察する方もいます。

わらべうた

＊かいぐりかいぐり

CD 33番目に収録

♪ かいぐりかいぐり

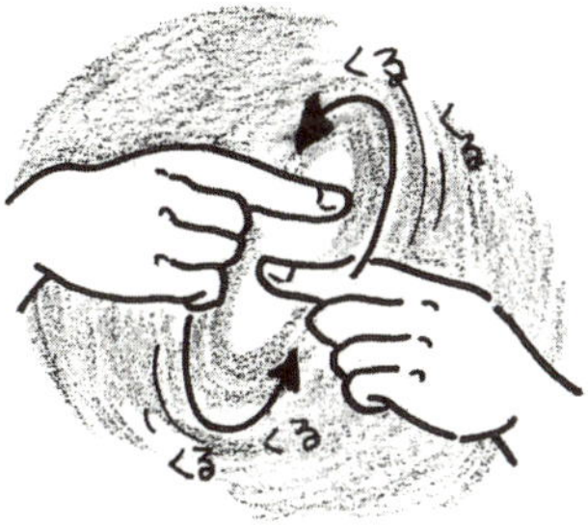
くる
くる
くる
くる

両手の人さし指で
糸を巻くような動作をする

♪ とっとのめ

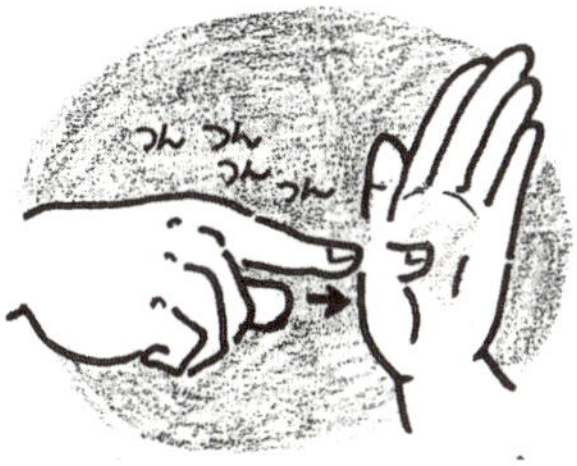
つん つん
つん つん

片方の手で、もう
一方の手をつっつく

「かいぐり」は、「掻《か》き繰《く》る」からきているのでしょうか、糸を繰る動作です。
「とっと」は魚のことをいう地方と、鳥のことをいう地方があります。

わらべうた

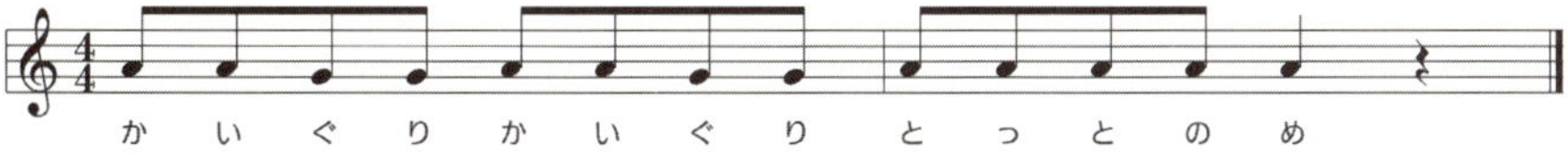
か い ぐ り か い ぐ り と っ と の め

＊じょうずじょうずじょうず

CD 34番目に収録

♪じょうず
じょうず
じょうず

「じょうずじょうずじょうず」と3回手を叩《たた》きます。こういう遊びは、まだ赤ちゃんはできませんが、大人がやって見せてあげると喜びます。

＊にぎにぎ　ぱっ

CD 35番目に収録

にぎ　にぎ　ぱっ

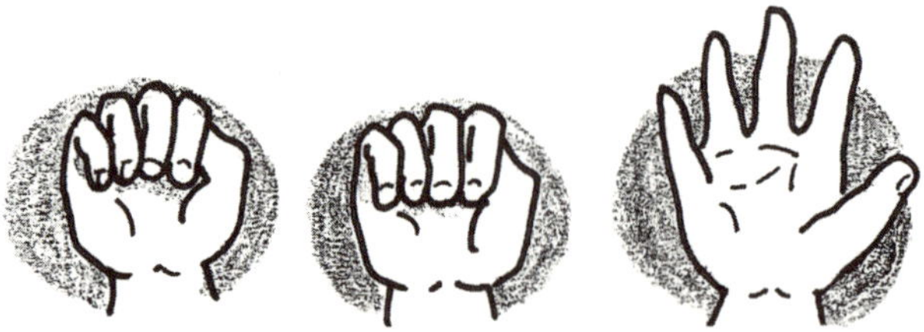

「にぎにぎ」は手を握ったり開いたり、ゆっくりやります。「役人の子はにぎにぎをすぐ覚《おぼ》え」、という川柳《せんりゅう》がありましたが、ワイロをもらう練習ではありません。目の前でなく、少し離れたところでやって見せます。

＊おくびはかっくりこ

CD 36番目に収録

♪ おくびはかっくりこ

首を前後に振る

♪ おくちはちゅちゅちゅ

口をとがらせて
「ちゅちゅちゅ」と言う

わらべうた

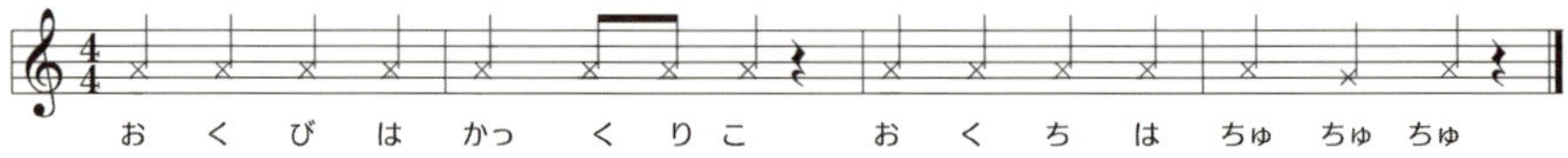
お く び は かっ く り こ お く ち は ちゅ ちゅ ちゅ

＊おきれおきれ　おにの子

CD 37番目に収録

赤ちゃんにお母さんの親指をにぎらせる。お母さんのほかの4本の指は赤ちゃんの手にそっと添える程度にする（転《ころ》びそうになったときに支えられるように）。

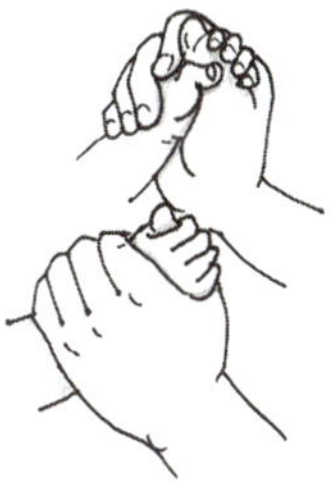

※もし赤ちゃんが疲れて手を離しそうだったらこうしてつかみます。

♪ おきれおきれ　おにのこ

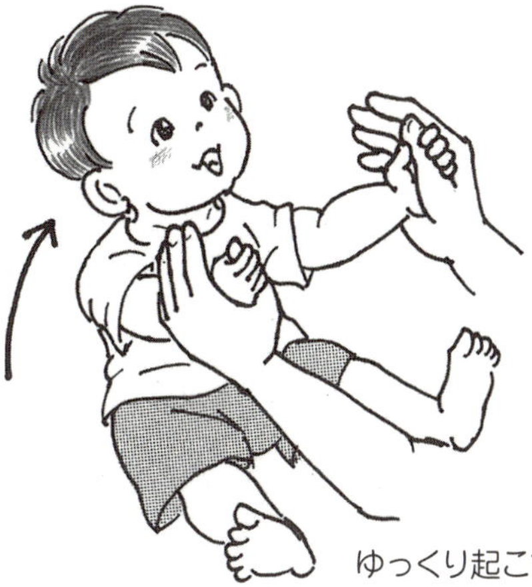

ゆっくり起こす

♪ ねむれねむれ　ねこのこ

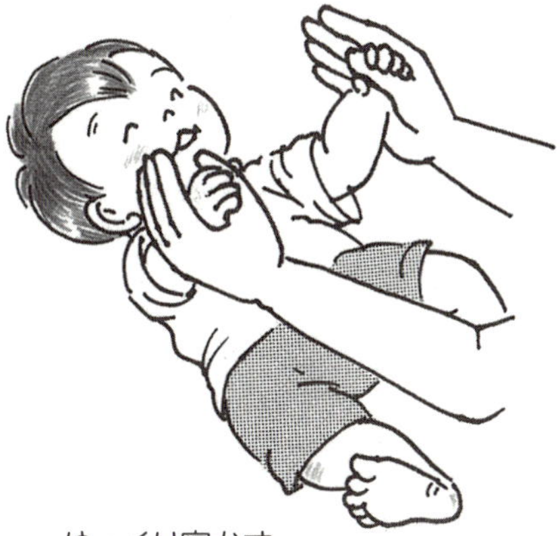

ゆっくり寝かす

※「おにのこ」「ねこのこ」の部分は、赤ちゃんの名前で。

わらべうた

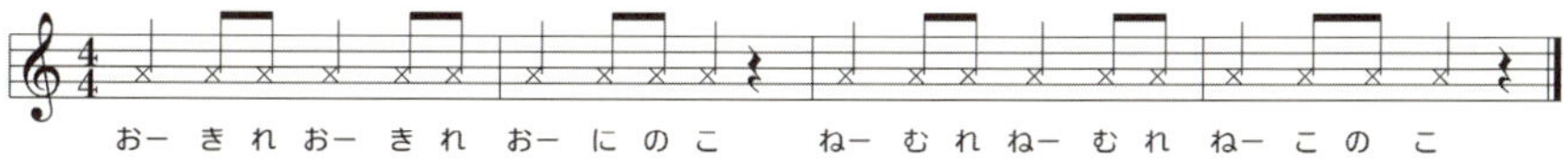
おー きれ おー きれ おー にのこ ねー むれ ねー むれ ねー このこ

＊つくしんぼ

CD 38番目に収録

♪ つくしんぼつくしんぼ
はるになったらでてこらせ

※手を組めない幼い子は、握った手を合わせるだけでもよい

赤ちゃんを膝《ひざ》に乗せる

組んだ手を、歌に合わせて左右にゆらす

♪ タン！

「タン！」と舌打ちし、指を1本立てる（つくしがニョキッと生《は》えてきた感じに）

♪ つくしんぼつくしんぼ～
…… タン！

指を1本立てたままもう一度歌って、最後の「タン！」で別の指を1本立てる。歌うたびに立ってる指が増えていく

♪ つくしんぼつくしんぼ～
…… タン！

3～4本指を立てたら、最後は「タンタンタン！」と舌打ちしながら残ったすべての指を立てて、開いてみせる

わらべうた

つー く しん ぼ つ く し ん ぼ はー る に なっ た ら で て こ ら せ タン

マンガ つくしんぼは魔法の歌の巻

♪つ〜くぼんじょ
♪つくぼんじょ〜
はじめて、お母さんと離れて泣いている赤ちゃん。
♪は〜るになったら でてこらせ〜
タン
おっ、泣きやんだ。
わらべ歌を歌うと、不思議なことに泣きやむ。
数カ月後
♪つ〜く ぼんじょ〜♪
ぼ
見て、おもしろ〜い。
お母さんに教えてあげよ、
そのうち、この歌を聞くと、すぐに泣きやむように。
♪つ〜く ぼんじょ〜
すご〜い。
こんなに小さいのに手遊びして。
感動〜〜〜。
かわいすぎる♡
このかわいい姿を見たくて、何回も何回も歌う母でした。

※地方によっては「つくしんぼ」を「つくぼんじょ」と歌うところもあるようです。

親子で育ち合う「風の子」サークルのお母さんの報告です。
「2、3歳の子どもたちにわらべうたを歌っていたら、まだ生まれて1年も経っていない赤ちゃんたちが、とってもうれしそうに体をゆすってリズムをとっているんです。こんな赤ちゃんでも、心地《ここち》よいものはちゃんとわかって楽しんでいるんですね」
そうなんです。わらべうたは幼い子のリズムに合ったものが多いので、赤ちゃんも一緒にやっているような気分で楽しんでしまうのでしょう。みんなで楽しんだ後、お母さんに歌ってもらったらまたうれしいでしょうね。

はいはいやあんよが　できるようになったら励ます歌

赤ちゃんが何にもつかまらずに自力で立ったときのあの得意気な顔、私は大好きです。満面の笑みで両手を挙げる子もいれば、どうだ！と言わんばかりに両手を握って踏ん張っている子もいます。でも自力で立つところまではできたものの、なかなか「初めの一歩」が出てこない、そんな赤ちゃんもいますね。そんなとき、赤ちゃんの歩幅の2歩か3歩前で両手を広げ、励ましの言葉をかけ、励ましの歌を歌ってあげましょう。あせらせることは禁物ですけれど、励ますことは大事です。

＊あまざけしんじょ

CD 39番目に収録

♪ ここまでおいで　あまざけしんじょ

山道を登って峠の茶屋で飲む甘酒はおいしかったのでしょう。ここまでがんばってきたら甘酒を進上《しんじょう》（差し上げる）という励ましでした。

わらべうた

こー　こ　ま　で　おー　い　で　あー　ま　ざ　け　し　ん　じょ

＊あんよはじょうず

CD 40番目に収録

♪あんよはじょうず

リズムに合わせて
手を叩《たた》き、
赤ちゃんを励ます

わらべうた

いち に いち に あん よ は じょう ず こ ろ ぶ は お へ た

＊おさんぽ　さんさんさん

CD 41番目に収録

♪おさんぽ～
おさんぽ～

おさんぽに行くときに
歌ってあげると楽しい
ですね。

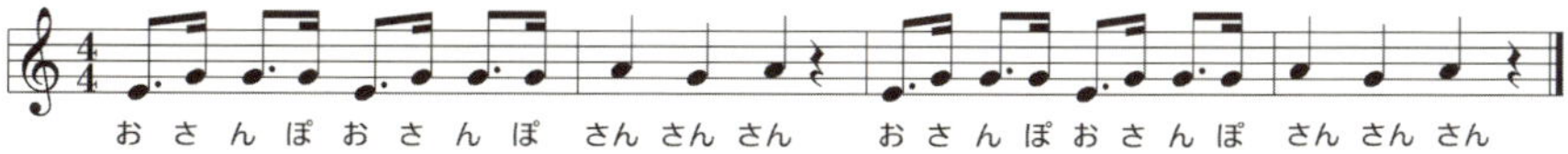

お さ ん ぽ お さ ん ぽ さん さん さん お さ ん ぽ お さ ん ぽ さん さん さん

おいしく食べる

離乳食が始まって、何でももりもり食べる子は心配ないのですが、なかなか食の進まない子もいます。お乳以外の物に慣れないせいもあるのかもしれません。そんなとき、赤ちゃんのお口をトンネルに見立てたり、スプーンを電車やトラックに見立てたりして食べさせます。食べた後、ほおやおなかを軽くさすりながら、いっぱい食べてよかったねと喜んであげます。そして「ごちそうさま」とあいさつをして終わります。

＊お口のトンネル

CD 42番目に収録

♪シューシュー　ポッポー
お口のトンネルに入りま～す。

スプーンにおとうふを載せて「おとうふのダンプカーがブッブッブー」
スプーンにサラダを載せて「サラダ列車がシュッポッポ」
など、いろんなものに見立ててお口のトンネルに運んであげましょう

パクパク食べていたかと思うと、フラフラ遊んだりする子には、こんなふうにしてみてはいかがでしょう。

＊くまくんも食べます

CD 43番目に収録

くまくんも 食べま~す。
あむ あむ
あむ

食が細い子には、お気に入りのくまさんもすわらせて順番に食べるなど、食事が楽しい時間と思えるような工夫を。

＊おいしいのはどぉこ

CD 44番目に収録

♪ おいしいのはどぉこ
おいしいのはこぉこ

ほおをつんつんと
つつく

わらべうた

おいしいのはどぉこ おいしいのはこぉこ

＊いただきます・ごちそうさま

CD 45番目に収録

ごちそうさま。

この時期から、大人が一緒に「いただきます」や「ごちそうさま」のあいさつをしていると、自然と身についていきます。

＊ぽんぽこりんはどぉこ

CD 46番目に収録

♪ ぽんぽこりんはどぉこ
ぽんぽこりんはこぉこ

いっぱい食べたね〜。

食べることで満足した子どもに、さらに大人がやさしく楽しく声をかければ、食事の時間がいっそう満ちたりたものになるでしょう。

わらべうた

ぽ ん ぽ こ りん は ど ぉ こ ぽ ん ぽ こ りん は こ ぉ こ

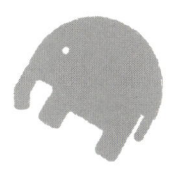

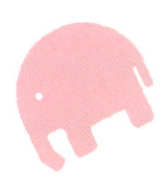

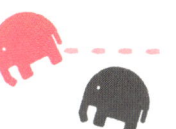

おまじない

ぶつかったり、こすったり、ころんだり、赤ちゃんはよく小さなケガをします。そんなときにはだっこして、その子の痛い所を押さえ、おまじないを唱《とな》えてあげます。大きなケガには効きませんが、小さな痛みには効果的です。おまじないの言葉も効くのですが、大人の受け止め方で安心するのです。赤ちゃんが転《ころ》んだときに、大人が大騒ぎして「きゃー大変！」とか「痛かったでしょ？」などと心配すると、なお痛く感じてしまいます。「だいじょうぶ、だいじょうぶ」とか「おまじないですぐ治るよ」などと励ましてあげることのほうが大事です。

＊ちちんぷいぷい

CD 47番目に収録

「ちちんぷいぷい」というのはウソかマコトか知りませんが、竹千代丸の乳母《うば》春日《かすが》の局《つぼね》が「ちじんぶゆう、ごよのおんたから（智仁武勇、御代の御宝）」と言ったのが始まりだとか。まあ理由はともかく本人が泣きやめばいいわけで、泣きやんだらほめてあげましょう。

＊いたいの飛んでいけ

CD 48番目に収録

♪ いたいのいたいの

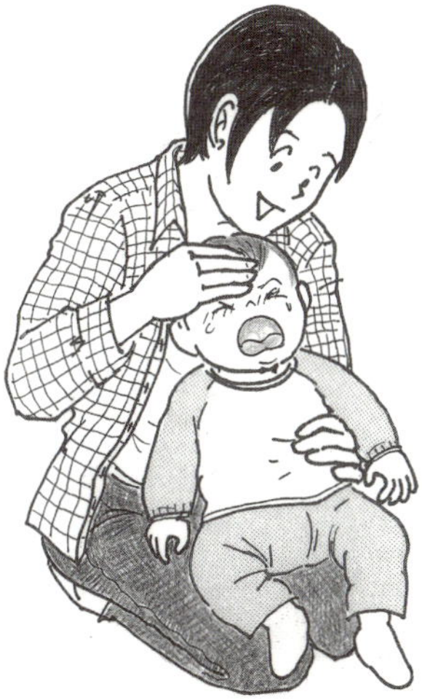

♪ とんでいけ〜

＊いたちのふん

CD 49番目に収録

私の子どものころは「いたけりゃいたちのふんつけろ」でたいていの痛みは治《なお》りました。

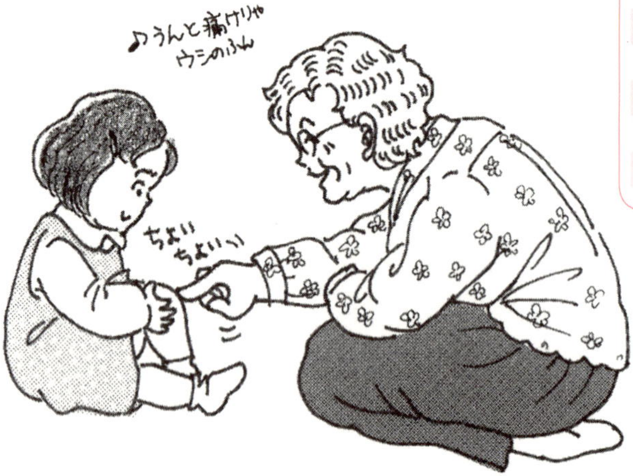

♪うんと痛けりゃ
ウシのふん
ちょい
ちょいっ

わらべうた

to ⊕.1
いたけりゃいたちのふんつけろ　さぁーーーといたけりゃ
いたけりゃいたちのふんつけろ　きりきずいたけりゃ
いたけりゃいたちのふんつけろ
さるのふん　うんーーといたけりゃうしのふん　すずめのふん
きじのふん　すりきずいたけりゃ
D.S. 1
Coda 1
さんねんつけたらなーおっぺ

＊ぐずらもずら

わらべうた

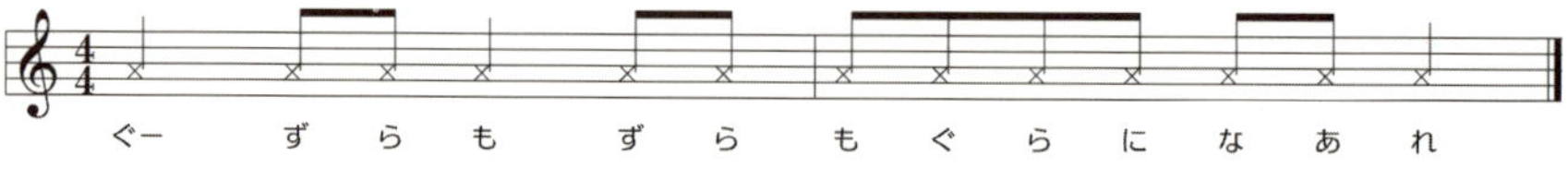

ぐーずらもずらもぐらになあれ

*泣き虫毛虫

COD 50番目に収録

♪ なきむしけむし　はさんですてろ

「なきむしけむし　はさんですてろ」というのは、少し大きくなった子どもたちが泣いている子をからかうときに歌った歌です。大きい子どもたちには、こうやってからかわれて泣きやむことも大事ですが、幼い子には泣き虫という虫をつまんで捨ててあげるというふうに使うといいようです。

わらべうた

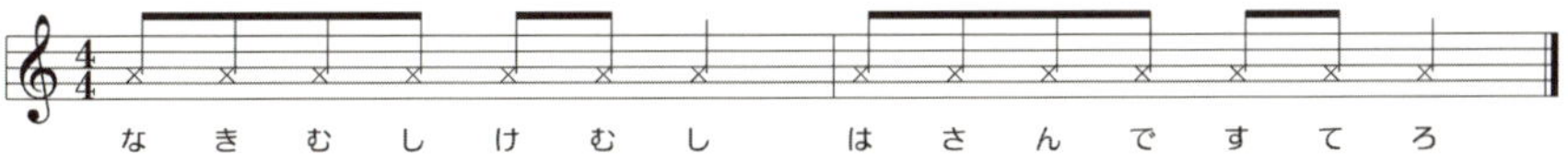

*ぐずらもずら

COD 51番目に収録　※楽譜は154ページ

♪ ぐずらもずら　もぐらになあれ

いつまでもぐずっているときには「ぐずらもずらもぐらになぁれ」と歌います。その他「あれ、こんなところにありんこが！」と言いながら、体のどこかをちょっとくすぐってアリを捨てるふりをしたり、おまじないの言葉や歌をたくさん知っていると、赤ちゃんの気をまぎらすのに役立ちます。

＊泣いたカラス

CD 52番目に収録

♪ いま泣いたカラスが
もうわろた～

軍手のカラス人形

わらべうた

い　ま　ない　た　か　ら　す　が　も　う　わ　ろ　た

＊ゆびきりげんまん

CD 54番目に収録

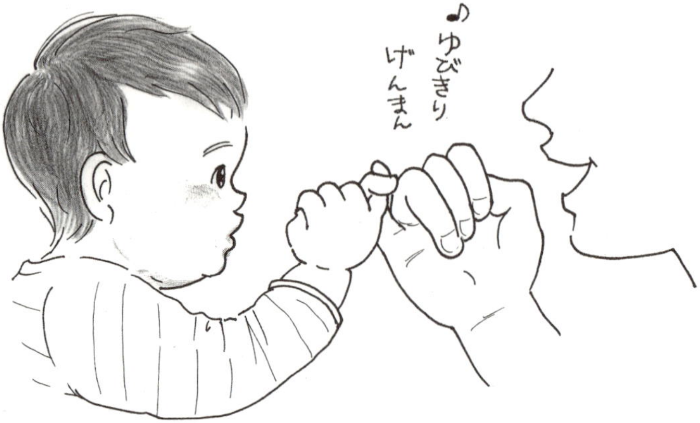

♪ゆびきり
げんまん

約束を破ったら、げんこつ万回に針も千本飲ませるぞと歌いながら堅《かた》い（？）約束を交わすのです。

わらべうた

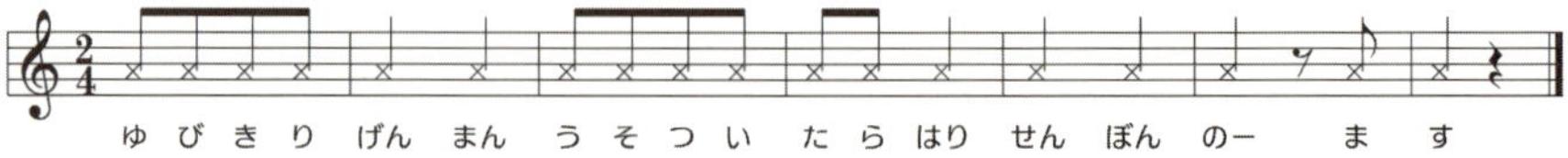

ゆ　び　き　り　げん　まん　う　そ　つ　い　た　ら　はり　せん　ぼん　のー　ま　す

＊あっちのお山に飛んでった

CD 53番目に収録

♪ あっちのおやまにとんでった　あ〜れあ〜れどこいった

赤ちゃんが
持っている物を
取りあげる

♪ やまからボールがとんできた

取りあげた物を
うしろに隠し、
別の物を渡す

赤ちゃんが危ない物を持ったときなどに、歌いながら取りあげて、代わりのものを渡します。

※「ボール」のところは渡すものを入れて歌います。

わらべうた

あっ ち の お や ま に とん でっ た あ れ あ れ ど こ いっ た
や ま か ら ボ ー ル が と ん で き た

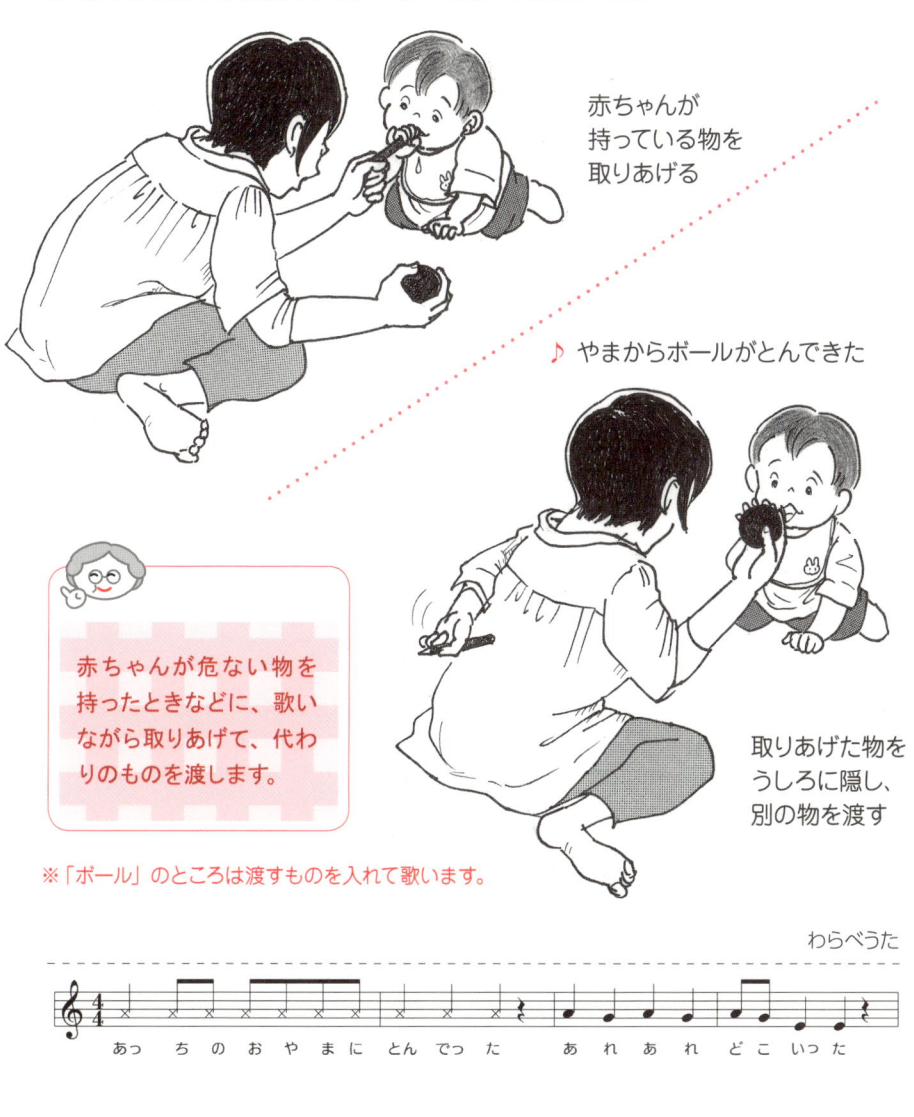

外遊びができるようになったら

よちよち歩きでも歩けるようになったら、どんどん外に出ましょう。少しぐらいの風には負けずに、風の日も歌を歌いながら歩きましょう。たんぽぽの綿毛などを見つけたら、来年もきれいな花を見せてねと願いながら、フーッと飛ばして歌います。冬の寒い日など、外遊びをした後、赤ちゃんの手が冷たくなっていることがあります。そんなときにはお湯に手を入れてこすってあげたり、ストーブの前にすわって手を暖めてあげましょう。赤ちゃんはすぐ動きたがりますけれど、「せんべせんべ」と歌っていれば、ゆっくり暖めてあげられるでしょう。

ハンカチーフ・風呂敷《ふろしき》はいいおもちゃです。2、3歳になると子どもが考えて、エプロンにマントに花嫁のヴェールにと、これ1枚で何にでも変身できます。

＊上から下から大風こい

わらべうた

うえからしたから　おー　かぜ　こーい　こー　い　こー　い　こーい
やまからさとから　おー　かぜ　こーい　こー　い　こー　い　こーい
うみからかわから　おー　かぜ　こーい　こー　い　こー　い　こーい

＊上から下から大風こい

CD 55 番目に収録　※楽譜は 158 ページ

♪ うえから

・ふろしき、ハンカチ
スカーフなど
柔い布

♪ したから

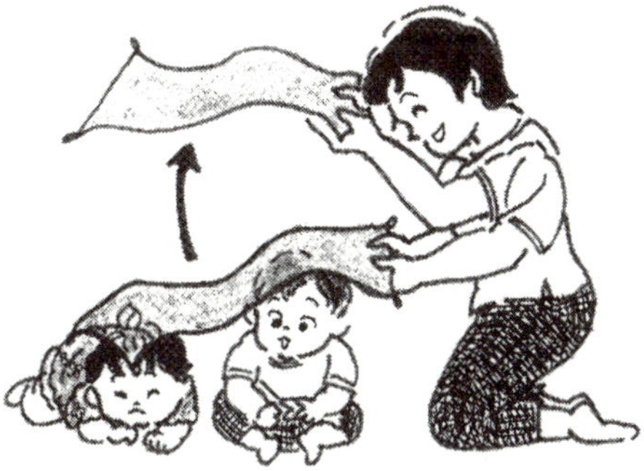

歌に合わせて、布をゆっくり上げ下げする

♪ おおかぜこ～い　こいこい

同様に、布を上げ下げして

♪ こ～い

布を上へほうり投げる

パサ

落ちてきた布がうまく体に
かぶさると楽しい

＊わぁたげわたげ

CD 56番目に収録

♪ わぁたげ

ハンカチ

▲印で上に、
▼印で下にハンカチを振る

♪ わたげ

▲印で上に、
▼印で下にハンカチを振る

♪ とんでいけ～

ヒラ
ヒラ

上に飛ばす

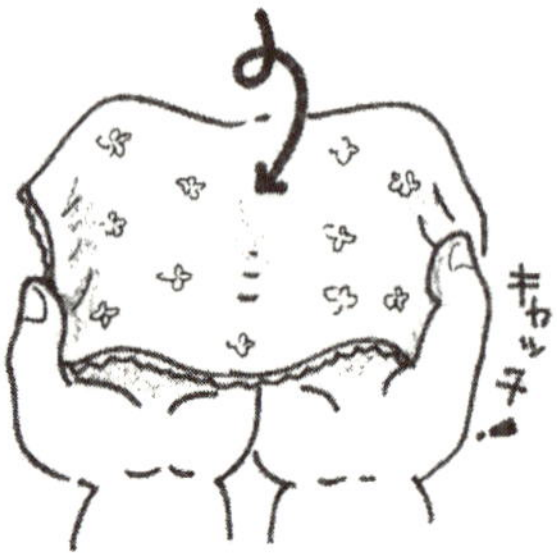
キャッチ!

飛ばしたハンカチを
受け取って、

♪ はぁるになったら

手の中でまるめて、

♪ はなになれ～　ぽっ！

ハンカチが
花のように
開く。

花が開くように手を開く

わらべうた

わー た げ わ た げ とんでいけ はー る に なっ た ら は な に な れ ぽっ

＊せんべせんべ　やいて

COD 57番目に収録

おせんべ
焼こうね。

赤ちゃんを膝《ひざ》に
すわらせて、
赤ちゃんの手を甲《こう》が
上になるように持つ

♪ せんべせんべやいて

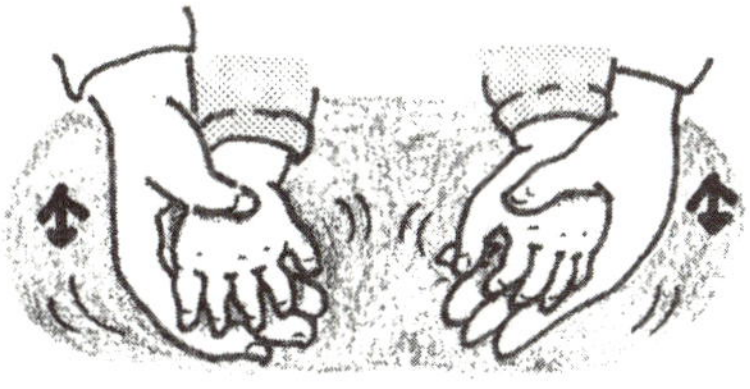

歌に合わせて手を上下に動かす

♪ とっくりけえしてやいて

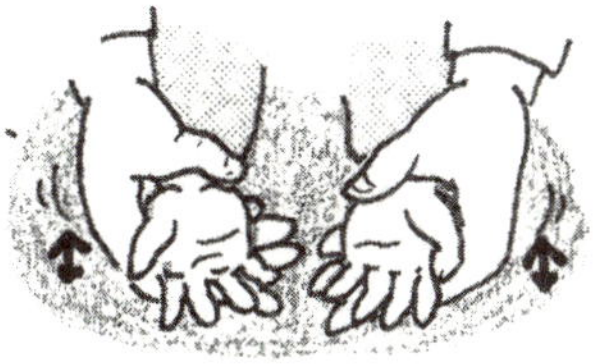

両手をひっくり返して
上下に動かす

♪ しょうゆを

片方の手を2回さする

♪ つけて

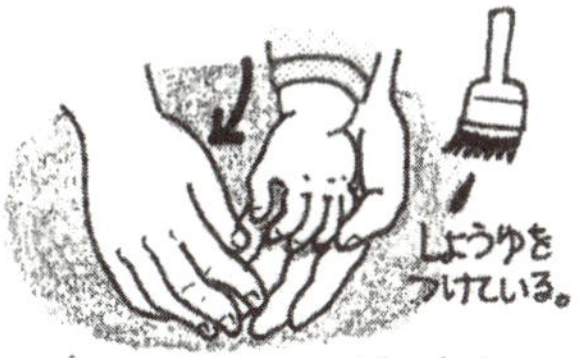
しょうゆを
つけている。

ひっくり返して2回さする

♪ もひとつつけて

もう片方の手も
同様にさする

♪ くったら

子どもの
両手を持って

♪ うまかべなぁ

おいしい～
パリパリ
もぐもぐ

子どもの手を
口に持っていき、
食べるまねをする

わらべうた

せん べ せん べ や い て とっ くり けえ して や い て しょ う ゆ を つ け て
も ひ と つ つ け て くっ たら うま かべ な

ちょっと乱暴な遊び

お誕生日がくるころには、ちょっと乱暴な遊びも好きになります。ただ、赤ちゃんが喜んでいるのか、本当は怖がっているのか、そのあたりの見極《みきわ》めも大事です。喜んでいるなら、何度でも遊んであげましょう。大人が疲れてきても、子どもは何度でも要求しますから、そんなときには突然「もういや！」などと言ってやめるのではなく、「たろうも大きくなったなぁ。重たくなったから、あと1回でおしまいね」などと言ってやめます。そうすれば、子どものプライドも傷つけずに、楽しくやめられるでしょう。

＊たかいたかい

CD 58番目に収録

まだ首のすわらない赤ちゃんを高くほうり投げたり、でこぼこ道を走る車に乗せたりすることは禁物ですが、１歳のお誕生日を過ぎれば少し乱暴な遊びも好きになります。

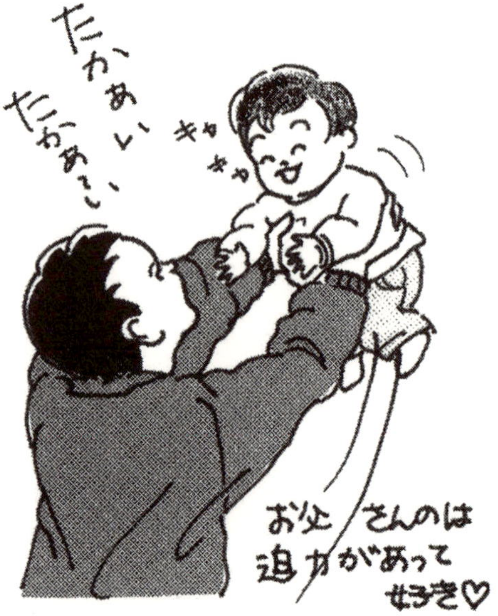

※4、5ヵ月までの赤ちゃんは、はげしくゆらすのを避けましょう。

＊ひこうきごっこ

CD 59 番目に収録

飛行機で〜す。
ぶ〜ん
ぶ〜ん

ちょっと威勢《いせい》のいい子はこの遊びを喜びます。子どもが両手を広げると、もっと飛行機の気分が出るでしょう。お母さんの体操にもなるし、一石二鳥です。

＊ジェット機ごっこ

CD 60 番目に収録

人間遊び道具、子どもは大好きです。赤ちゃんの顔色を見ながら乱暴にしたり、少し手加減をしたりします。機械の遊具ではそうはいきません。そこが「人間遊具」のいいところです。

ビュ〜ン
ジェット機
飛びま〜す
次、あたし〜
あっ
もっと
ゆっくり

＊ゆ〜らり　ゆらゆら

CD 61 番目に収録

♪ゆ〜らり
♪ゆ〜らゆ〜ら

子どもが喜ぶからといって、大人が無理をすると、あとが続きません。子どもにとっても、大人にとっても「ほどほど」が大事です。

＊振り子時計ごっこ

CD 62 番目に収録

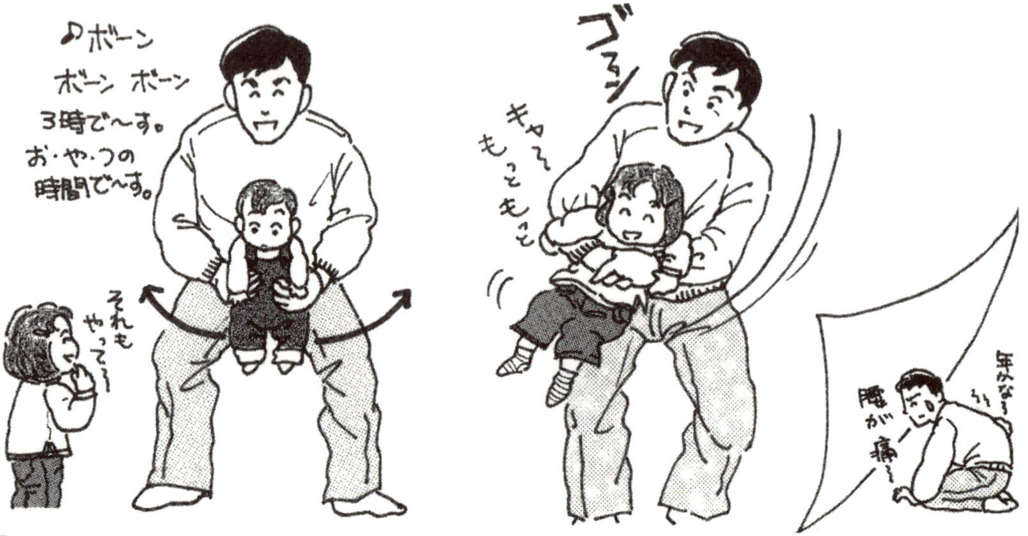
♪ボーン
ボーン ボーン
3時で〜す。
お・や・つの
時間で〜す。
それもやって〜
ゴロン
キャ〜
もっともっと
腰が痛〜
年かな〜

＊おんまぱかぱか

CD 63番目に収録

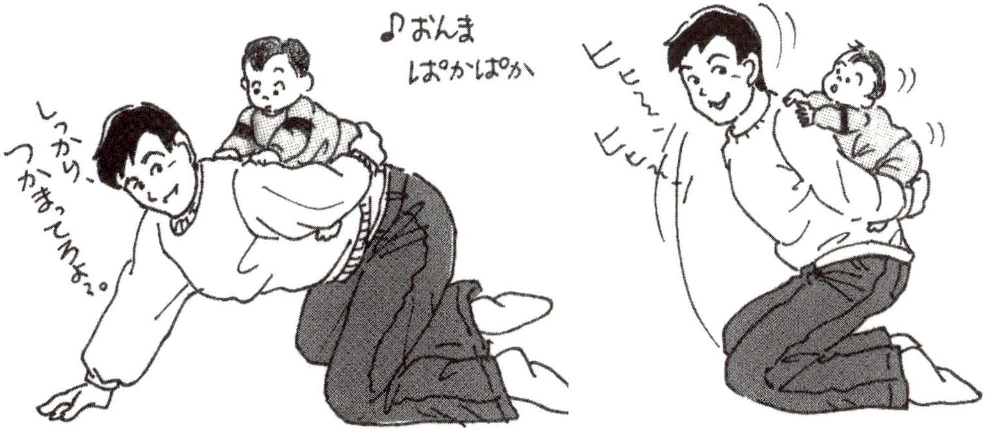

背中に乗ってバランスをとることも大事だし、ヒヒーンと突然（といってもゆっくり）馬が立ち上がったときにしっかりしがみついていられるためには、「おきれおきれおにの子」（143ページ）のような遊びをたくさんすることが大事です。こうして遊んであげることが、子どもの成長にとって、とても大切なのです。

＊いも虫ご〜ろごろ

CD 64番目に収録

♪ いもむしご〜ろごろ　ひょうたんぼっくりこ

子どもを寝かせ、
歌に合わせて
ゴロゴロ横にゆらす

ゴロゴロ

大きくなったら こんなふうに遊びます

しゃがんだまま
つながって歩く

どてっ

何回か歌ったら、「ぼっくりこ」で
先頭の子が横に転《ころ》がると、なお楽しい

わらべうた

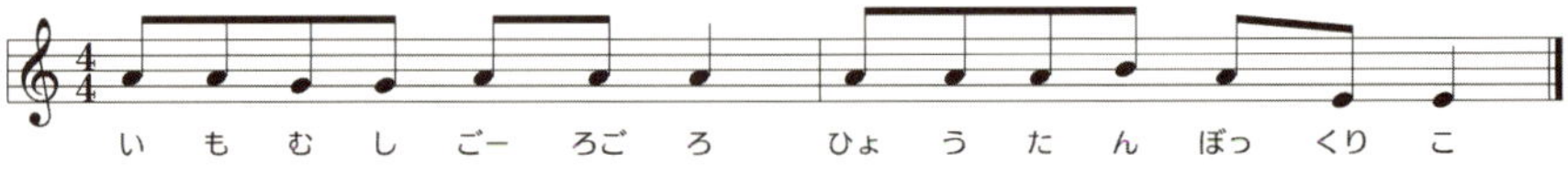
いもむしごーろごろ ひょうたんぼっくりこ

＊どんど橋

わらべうた

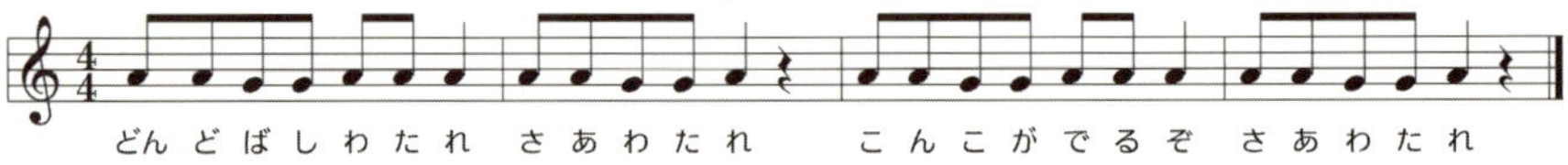
どんどばしわたれ さあわたれ こんこがでるぞ さあわたれ

＊もぐらもち

CD 65番目に収録

♪もぐらもち
どっけどっけ〜

子どもを足の甲《こう》にのせ、
ドシンドシン歩く

この歌は、木槌《きづち》でドシンドシンと土を叩《たた》きながら、土の中で悪さをするもぐらを追い出すときの歌です。子どもを足の甲《こう》に乗せてもぐらを追い出すつもりで、ドシンドシンと歩きます。

わらべうた

もぐら もち どけ どけ つち どんの おとおり だい

＊どんど橋

CD 66番目に収録　※楽譜は166ページ

♪どんど橋
わたれ

自分の脚《あし》を橋に
見立てて、
子どもに歩かせる

胸元まで
たどりついたら、
ぎゅう〜と
抱きしめる

昔は小学生が細い板や石塀《べい》の上を渡って遊ぶときも歌いました。渡る手前でもじもじしている子に、まわりの子が囃《はや》しながら勇気づけたのです。

＊さるのこしかけ

CD 67番目に収録

♪ さるのこしかけ　めたかけた　めたかけた　♪ こ〜けた

ドスンッ！

子どもを脚《あし》の上に乗せ、
歌に合わせて上下にゆらす

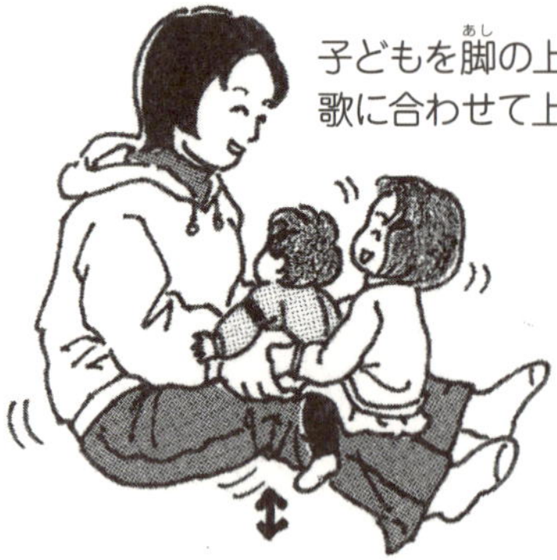

脚をパッと開いて
子どもを下（畳や座布団の
上など）に落とす

わらべうた

さー る の こ し か け め た か け た め た か け た こー け た

＊せっせっせ〜

CD 68番目に収録

♪せっせっせ〜の

子どもの手を
持って上下に動かす

♪よいよいよい

手を交差させる

いろんな手遊びの最初にやる手遊びです。一般的なやり方は右のページ（169ページ）を参照してください。幼い子にはこんなやり方でどうぞ。

わらべうた

せっ せっ せー の よい よい よい

＊ももたろう

CD 68番目に収録

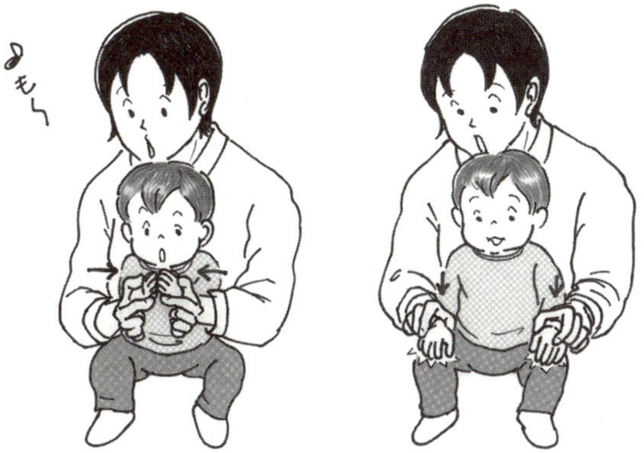

♪も～

「ももたろう」でもなんでもいいのですが、歌を歌いながら、リズミカルに手と手を合わせたりお膝《ひざ》を叩《たた》いたりする遊びです。うしろから子どもの手をとってもいいし、伸ばした膝に乗せて向き合って子どもの手を持ってもいいし、月齢に合わせて遊んでください。

文部省唱歌

● × ● × ● × □ ● × ● ×
も も た ろう さん も も た ろう さん お こ し に つ け た
● × △ ● × ● × ● × ○
き び だ ん ご ひ と つ わ た し に く だ さ い な

大きくなったらこんなふうに遊びます

♪ せっせっせ～の

向かい合って
両手を握《にぎ》り、
上下に動かす

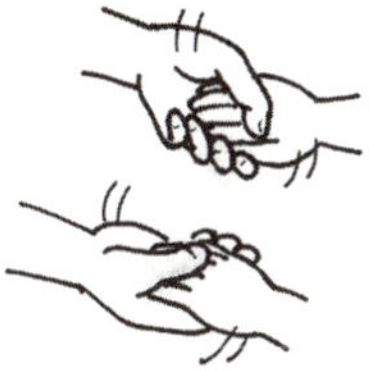

♪ よいよいよい

両手を握ったまま
交差させる

上の楽譜の
●印のところで、右手で自分の左手を叩《たた》く

×印のところで、右手で相手の左手を叩く

□印のところで、グーを出す
△印のところで、チョキを出す
○印のところで、パーを出す

お風呂の中で

たいていの赤ちゃんはお風呂が好きですが、お顔を洗ったり頭を洗ったりするのは好きでない子もいます。そんなときに「体にさわる遊び」で紹介した「めぐろさんをまいて」（134ページ）の歌を歌いながらお顔を洗ってあげましょう。もう少し湯舟に入れておきたいと思っても出たがるときには、「どんぶかっかすっかっか」とか「どんぶらこどんぶらこ」などと歌いながら、赤ちゃんを湯舟の中でゆすってあげましょう。なんの歌でもいいのですが、赤ちゃんの気がまぎれるように対処してあげればいいということです。

＊どんぶかっかすっかっか

CD 69番目に収録

子どもが出たがるけれどもうちょっと湯舟に入れておきたいというようなときの歌です。子どもの腋《わき》をかかえて、歌いながら少し乱暴にゆらします。

♪どんぶかっか
すっかっか～

わらべうた

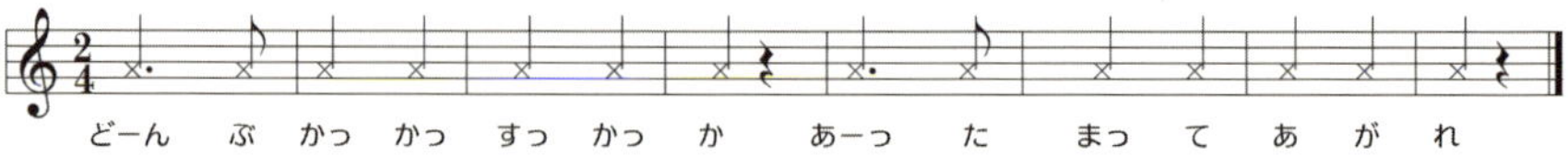
どーん ぶ かっ かっ すっ かっ か あーっ た まっ て あ が れ

＊どんぶらこ

CD 70番目に収録

♪どんぶらこ〜

大人と一緒にお風呂に入《はい》れるようになったら、お顔を拭《ふ》きながら歌ったり、桃が流れてくるようにゆらゆらゆらしながら、こんな歌を歌ってみましょう。

わらべうた

どー ん ぶ ら こ どん ぶ ら こ おー き な も も が どん ら こ

＊海ぼうず

CD 71番目に収録

タオル

タオルを
水面に広げる

下から手を入れて
空気を入れる

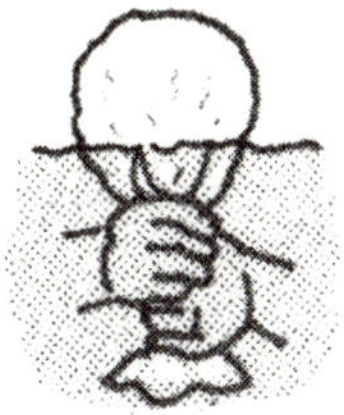

てるてるぼうずの
ようにしぼる

水面下に沈めると
泡が出てしぼむ

起こすときの歌

1歳前後の赤ちゃんなら、外が明るくなるのに合わせてカーテンを開け、静かに起こしましょう。いつまでも寝ていてくれたほうが家事も片づくし、親もラクだしと思う気持ちもわからないではありませんが、生活リズムをつけるという意味では、朝起こして、午前と午後にお昼寝をするというほうが、つきやすいようです。そしてそのほうが夜も早く寝てくれるし、結局は親もラクなのです。赤ちゃんが気分良く目覚《ざ》められるよう、静かに歌ったり話しかけたりしてあげましょう。

＊ととけっこ

CD 72番目に収録

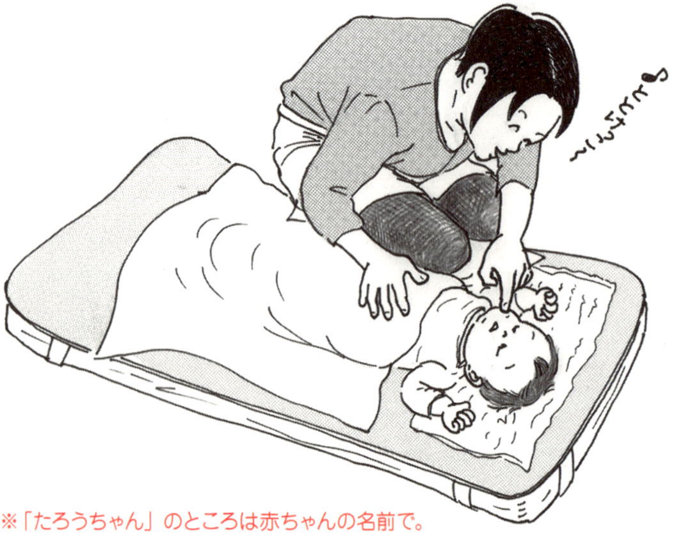
♪ととけっこ〜

目覚《ざ》まし時計のなかったころは、にわとりの声が合図でした。「こけこっこおきてきな」と歌ってもかまいません。

※「たろうちゃん」のところは赤ちゃんの名前で。

わらべうた

と と けっ こ　よ が あ け た　た ろう ちゃん　お き て き な

*たろうちゃん　おはよ

CD 73番目に収録

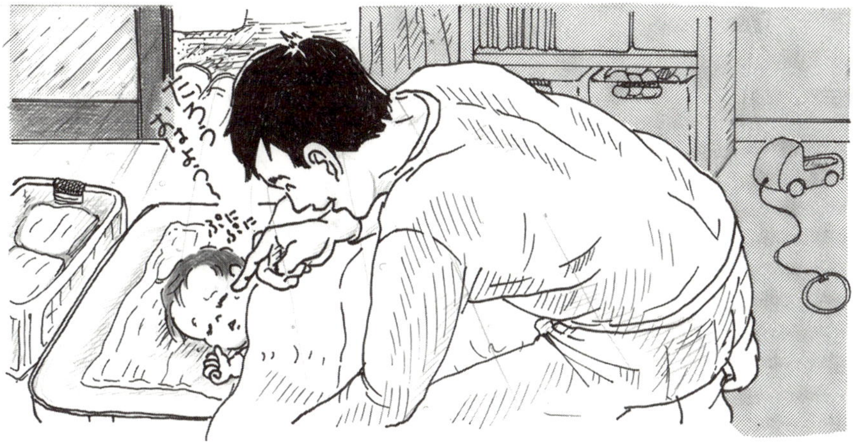

たろう
おはよ〜
ぷにぷに

※「たろうちゃん」のところは赤ちゃんの名前で。

作詞・作曲／藤田浩子

た ろう ちゃん おは よ きらきら おひさま おは よ
ちゅ ん ちゅ ん すずめも おは よ コケコの にわとり おは よ

＊あかるくなったら

CD 74番目に収録

♪ あかるくなったら

●印のところで手を叩《たた》く

♪ おきましょう　おきましょう

「起きる」動作を2回する

♪ それからきものを
きがえましょう　きがえましょう

●印のところで手を叩き、
「着替える」動作を2回する

♪ それからかぞくに
おはようさん　おはようさん

同様に「それから～」とつなげて、
日常の動作を入れて、どんどん
作って遊んでみてください

♪ それからごはんを
たべましょう　たべましょう

朝起きたら「おはよう」、ご飯を食べるときは「いただきます」食べ終わったら「ごちそうさま」、お布団に入る前には「おやすみなさい」、その他「いってらっしゃい」「いってきます」「ただいま」「おかえり」「ごめんなさい」「ありがとう」などのあいさつは、人と人がかかわるときの大事なあいさつの言葉です。幼いうちから「くせ」になるまで教えていきましょう。

わらべうた

あ か る く な っ た ら お き ま しょ う お き ま しょ う
そ れ か ら き も の を き が え ま しょう き が え ま しょう

かんたんおもちゃ

おもちゃは「遊ぶ」ための道具です。買い与えることより、それで遊ぶことのほうが大事なのです。「積み木を買うならプラスチックより木のほうが、それも着色していない物のほうがいい」とか「人形は化繊《かせん》でなく手触《ざわ》りのいい木綿《もめん》でできた物を使わせたい」とか、それはそれでこだわる価値があるとは思いますけれど、そのおもちゃでどれだけ楽しく遊べるかということのほうが大事です。

一緒に遊べば、なんでも楽しいのです。完成度の高いおもちゃより何にでも見立てることのできる素材で遊ぶほうが想像力をかきたてられるでしょう。おもちゃは、素材を選ぶことも大事ですが、それ以上に、それで遊ぶことが大事です。

＊な〜にかな？

空《から》のティッシュケースの中に、口に入れても害のない物を入れておく

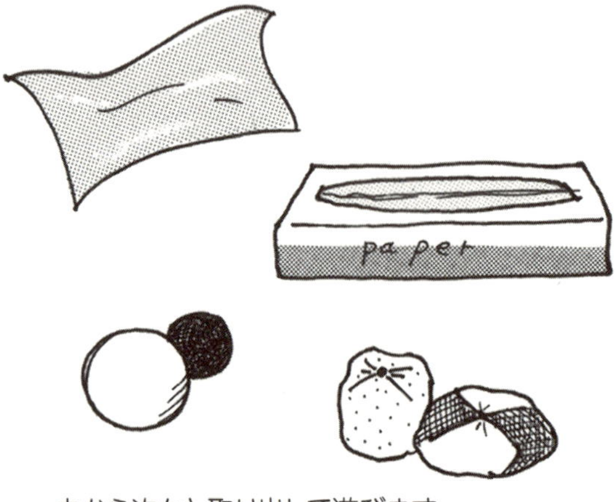

中から次々と取り出して遊びます

＊

口にあまり物を入れなくなったら、下図のようにすると、中が見えなくなって、より長く遊べます

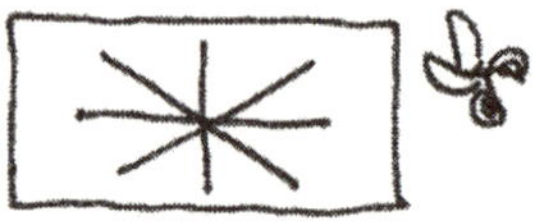

厚紙に図のような切り込みを入れ、

上に貼る

＊パックつみき

1 太線部分に切り込みを入れる

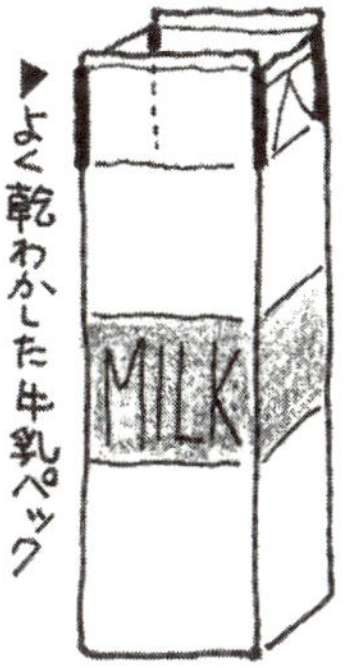
▶よく乾かした牛乳パック
MILK

2 中に音の出る物を入れ、口を折りたたんでガムテープで止める（布のガムテープだとはがれにくい）

MILK

＊あそびかた

大人が積んで
子どもは
壊すのが専門
カラン
コロン

＊なんでもボックス

1 牛乳パックの底のほうから、図のような立体を切り取る

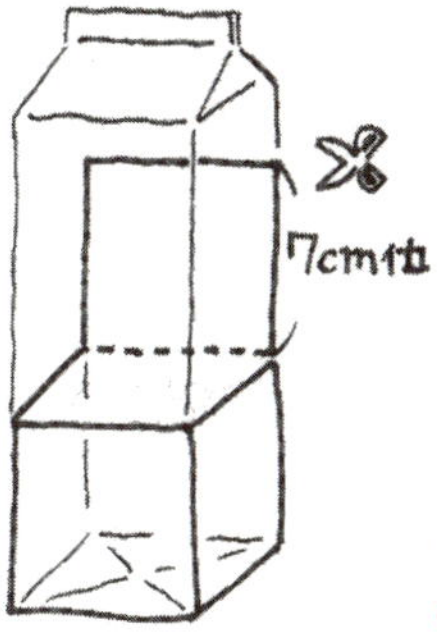
7cm位

2 点線部分に折りすじをつける

目打ち

3 側面に、指が2本くらい入る穴をあける

＊あそびかた

かじったり、ふりまわしたり

ブンブン

穴に指を入れてふりまわすと、ふたが開閉し、パタパタと音が出て楽しい

パコンパコン

＊ストロークじ

注ぎ口のある1リットルの紙パックを上下半分に切り、図のように重ね、中に半分に切ったストローを何本か入れる

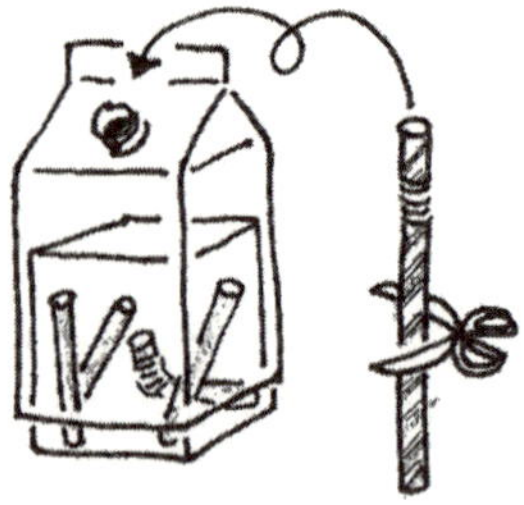

※500ミリリットルのものはそのまま使う

＊あそびかた

ストローを出し入れして遊びます

小学生くらいになると、
くじ引き遊びとして使えます

＊ペットボトルシャワー

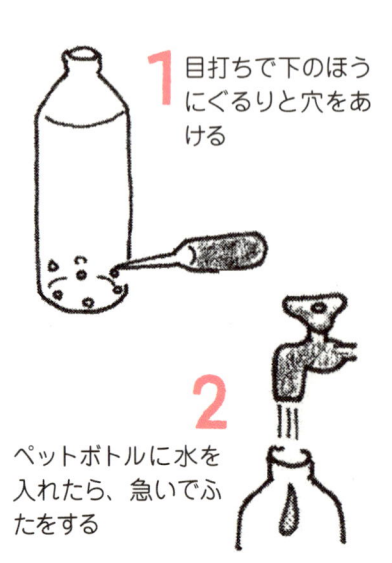

1 目打ちで下のほうにぐるりと穴をあける

2 ペットボトルに水を入れたら、急いでふたをする

※水を入れたバケツに沈めるとかんたんに水を入れられる。

＊あそびかた

ふたをゆるめたり、
しめたりして、遊びます

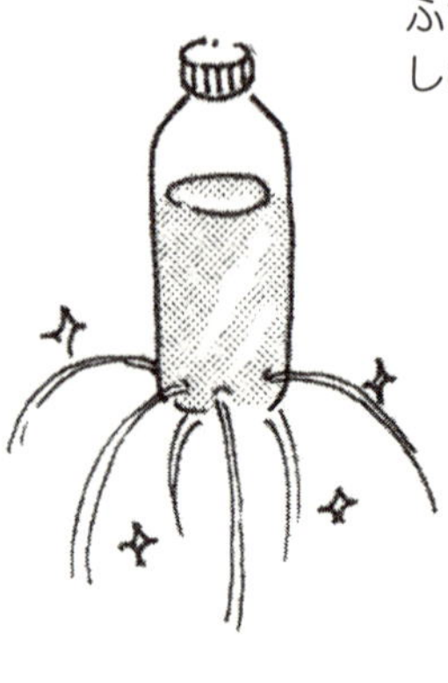

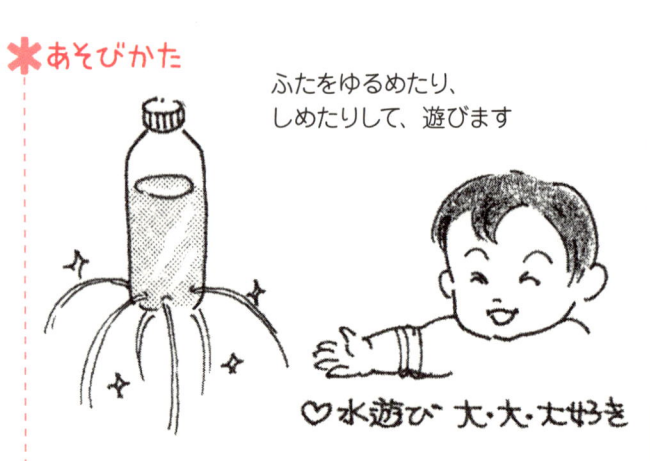

ふたをゆるめると水が勢いよく出て、きつくしめると勢いが弱くなる

※下の穴から水が出るので、
お風呂や外で遊びましょう。

＊キラキラボトル

1 ペットボトルの中にいろんなものを入れる

〜500mlのペットボトル
ビー玉、
ビーズ
キラキラ反射する紙
色水。絵の具をうすめて

2 ふたをして、布ガムテープを巻きつける

私が作ったの〜

＊あそびかた

光るもの大好き♡
コロ
コロ
コロ

＊がちゃがちゃボウル

おたま
泡立て器
ボウル
スプーン

我が家の音楽家は、にぎやか♪
カン
ガチャガチャ
カン

危なくないものなら、なんでもおもちゃになります。缶やボウルに泡立て器やスプーンを添えただけでも、打楽器になります。

手が離せないときのおたすけおもちゃ

お願い。ちょっとだけ
むこうに行ってて〜〜
こういうのを
知っていると
助かる〜〜

赤ちゃんがいると息つくヒマもないときがあります。後《あと》追《お》いの時期などトイレさえゆっくり入れません。ほんの2、3分間かもしれませんが、一時しのぎになる楽しい工夫を紹介します。こうすればテレビに子守りをさせたり怒ったりすることなく、赤ちゃんも機《き》嫌《げん》良く過ごせます。

＊ダンボール・かごなど

空《から》のダンボールやかごを置いておく

なぜか
すっぽり
と入り
たがる。
ダンボール
カゴ

＊マットレス

マットレスを三角に立てる

マットレス
トンネル

＊小物干し

小物干しに、口に入れても害のない物をつり下げて、ドアノブにかけたり、引き出しにひっかけておく

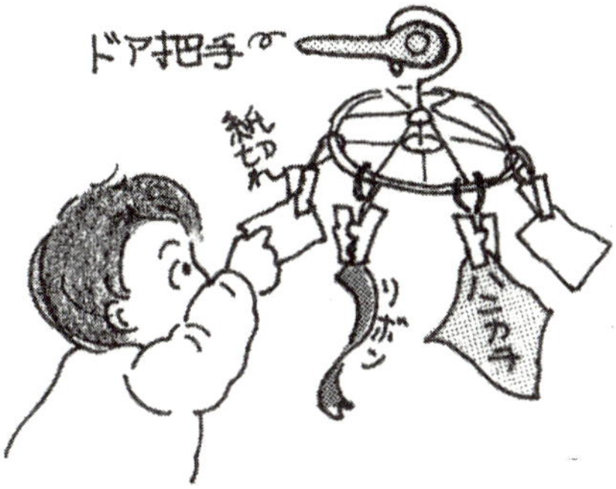

下げているのもを次々と取っている間に、ちょっとした仕事ができます。

＊ゴムをつけた紙玉

新聞紙を丸めたものをビニールテープで巻いてボールにし、それにつないだ輪ゴムをつけて、ドア押さえなどにくくりつけておく

＊ラップの芯

のぞく

小さい声で
ささやく

泣きやまないときなどに役立ちます。

藤田浩子の語り『子守り泥棒』に入っている遊び

＊おつむてんてん

CD 78番目に収録

おつむてんてん

ひじとんとん

＊上がり目下がり目

あがりめ

さがりめ

ぐるっとまわして

ねこのめ

※『子守り泥棒』に入っているほかの遊びも、第4章の中で紹介しています。

第5章

テレビ

1歳までは百害あって一利《いちり》なし

テレビ——
1歳までは百害あって一利《いちり》なし

今の爺婆《じじばば》世代が若かったときが日本の高度成長期で、農村から工場に出て働く人が急増した時代です。夫1人が働けば妻が働かなくても暮らしていけるようになったのです。その代わり夫は猛烈社員でエネルギーの9割を会社に吸い取られ、妻は孤独な子育てを強いられました。その孤独を埋めてくれたのがテレビの出現です。疲れて帰ってくる夫をなぐさめてくれるのもテレビでした。テレビは居間の一番いい席に陣《じん》取《ど》り、家族はお互いの顔を見ずにテレビのほうを向きました。家族はテレビの時間に合わせて行動し、子どもの相手をするのも親ではなくテレビでした。親は、赤ちゃんのあやし方も昔話も伝えないまま、テレビの前に子どもをすわらせていたのです。子どもたちはテレビに合わせて遅く寝るので朝は食欲がなく、朝食抜きの子が増えました。みんながみんなそんな育ちをしたわけではありませんが、そうやって育った子どもたちが親になり、テレビの存在にまったく疑問を持たないまま、赤ちゃんを育てています。

1歳までの赤ちゃんにとって、テレビは「百害あって一利なし」と私は思っています。本当は1歳まででではなく、3歳まで、いや6歳までと言いたいのですが、それではあまりに現状に合わないので、大きくゆずって「1歳までは」としました。でもやっぱり幼い子にとって、テレビは不要というより百害があると私は思っています。

テレビは、“実体験から学ぶ力”を奪います

　赤ちゃんにとっては実体験が大事です。テレビは地球の裏側のことも、宇宙の果てのことも、海の底のことも、すべてお茶の間で見せてくれるすばらしい機械だと評価する人がいます。その通りで、それを否定するわけではありません。でも、幼い子にとってはアフリカの動物のことをテレビで見るより、ダンゴムシを手に持って、まるまったり伸びたりの不思議を感じることや、土の中から出てくるアリの行列を眺《なが》めることのほうが大事です。花から花へと飛び回るチョウを追いかけたり、飛び立つテントウムシにびっくりすることのほうが大事なのです。

　赤ちゃんは五感で考えます。赤ちゃんをラックにすわらせてテレビを見せておけば、しばらくおとなしくしています。赤ちゃんは、光るもの、音の出るもの、動くものに興味があるからです。けれどそこで使っているのは目と耳（視覚と聴覚）だけです。赤ちゃんは五感すべてを使って考えるのです。見たり聞いたりだけでなく、なめたり、さわったり、匂《にお》いを臭《か》いだりして考えます。「こうすればこうなる」「こうしたいからこうする」「こうしたいけどがまんする」というような脳の一連の発達や心の動きを育てるには、五感全体で考えることが大事なのです。

テレビは、“選んで聞く力”を奪います

赤ちゃんは音を選んで聞く訓練をしています。恐ろしい音、危険な音、心地《ここち》よい音などなど、赤ちゃんはひとつひとつ分類して脳に蓄《たくわ》えます。けれどあまりたくさんの音が一度に入ってくると、分類しきれなくなって、脳を通らない回路を作って聞き流すのだそうです。そうしないと体がもたないのでしょう。そうなると、うれしい音も、怖い音も、聞き流してしまうので、やさしい声をかけられても、いじわるな声をかけられても、喜ぶでもなく、泣くでもなく、だんだん表情のない子になっていきます。そんな子が増えていることが気になります。

テレビは、“親子で向き合う時間”を奪います

親子で向き合う時間が大事です。テレビは親と子の会話を、親と子の遊ぶ時間を奪います。テレビだけではないのですが、１日の中で、親がテレビを見たり、パソコンを操作したり、携帯電話をかけたり、機械に向き合っている時間が、年々増えています。その分赤ちゃんと向き合う時間が減っているということです。おっぱいを飲ませながらテレビを見たり、携帯電話をかけたりしていると、赤ちゃんはお母さん

との「会話」ができません。見つめることで「おはなし」をしようと思っても、親に拒絶されるのです。テレビを見ながらおっぱいをふくませ、電話をかけながらおむつを取り替え、メールを打ちながら赤ちゃんの相手をしていて、赤ちゃんからのサインに気づくのでしょうか。赤ちゃんからのサインに気づく訓練をしないまま、子どもが中学生高校生になったとき、子どもの出すサインに気づくのでしょうか。

テレビは、"赤ちゃんが人とかかわる時間"を奪います

テレビだけではありません、ビデオやパソコンや携帯電話や冷蔵庫や洗濯機の普及が、親を家庭の中に閉じ込めました。井戸端《いどばた》で洗濯することがなくなれば、井戸端会議と呼ばれたおしゃべりの場もなくなります。毎日買い物に行かなくても済むようになれば、お店の人との会話もなくなります。とにかく昔は否応《いやおう》なしに他人と会う機会が多かったのですが、今は会いたくなければ会わずに済むのです。テレビやパソコンなどの機器は親と子の向き合う時間を少なくしただけでなく、赤ちゃんが近所の人たちに声をかけてもらう機会もなくして、赤ちゃんが世の中から隔離されてしまったのです。

「人」は「人」に育てられないと「人」になれません。赤ちゃんは、まわりの大人に語りかけられて、歌いかけられて、笑いかけられて、あ

求む！ぼくを人間に育ててくれる人

やされて育ちます。「人」とかかわりながら「人」になっていくのです。テレビやパソコンなどの機器は、赤ちゃんが「人」になるために必要な「人とかかわる時間」を奪ってしまったのです。

ひとつ便利になると、ふたつ失うものがあるのです。テレビやビデオは親にとって便利な機器ですけれど、幼い子に、本当に必要な物でしょうか。便利なほうにばかり目を向けるのではなく、それによって失われるものにも目を向けてみましょう。

テレビ Q&A

Q テレビを見せると本当にそんなに害になるのでしょうか。

A 言葉が遅い、落ち着きがない、人とのかかわり方がへたなどのお子さんが、どうもテレビの長時間視聴と関係があるように思えて、私は経験上からテレビを見せない子育てを、と提唱していますが、学問的にも脳の研究が進み、その弊害《へいがい》がいろいろ証明されつつあるようです。そんな本も参考になさると理解しやすいかもしれません。

Q テレビ番組にもいろいろあって、赤ちゃんが喜ぶような番組もありますが、それもだめなのでしょうか。

A 私が問題にしているのは番組の内容ではなくて、一方的に流れてくる音、赤ちゃんのリズムに合わない早い言葉、機械を通した音などです。赤ちゃんが「人」になるためには「人の声」で、赤ちゃんとやりとりしながらのかかわりが必要で、そのやりとりの中で言葉を届け、お互いの信頼関係を築いていくのです。

Q 子どもにはテレビは不要だとしても、遠出もできず、映画にも行かれない親のストレス解消に必要なのでは？

A 大人のストレス解消に役立つなら、それもいいと思います。大人は現実と虚構《きょこう》の区別がつきますから。でも今、体を作りつつある、言葉を覚《おぼ》えつつある、生活習慣を身につけつつある、人とのかかわり方を学びつつあるのが、赤ちゃんなのです。赤ちゃんのいない部屋で、大人だけで楽しむようにしましょう。

あやしうたのたくさん入った昔話

子守り泥棒

むがぁし　まずあったと。

あるところに　ひとりの盗人《ぬすっと》いてなぁ　腹ぁへって腹ぁへって しゃぁねぇから　どこぞで米でも盗んでくるか　人のいねえ家はねぇ かなぁ　この家はなじょったべ　戸ぉ開けてのぞってみたれば　その 家では婆様《ばさま》が針仕事してらったと　縁側で針仕事している婆様見つ けて

いやぁここの家さは入《へえ》られねぇ

したればこちらの家ではなじょったかなぁ　そっと戸ぉ開けてのぞっ てみると　その家では　爺様《じさま》が縄ないしてたと

あぁこの家も入《へえ》られね

この家はなじょったかなぁ　ちーっと戸ぉ開けて　のぞいてみた けんと　その家にはだぁれもいねぇようであったと　したがなぁ 家の中にいねくても　庭さいるときあるがらとなって　くりぃーと回っ て庭を見てみたれば　庭のすまーっこのほうでなぁ　年ぃ取った爺 様と婆様　畑仕事してたと　年ぃ取ってるもんで　ひと鍬《くわ》おろして は　汗ぇふいたり　ひと鍬おろしては　腰ぃさすったりしてるもんで なぁ

あーあ　あの様子ではまだまだ時ぃかかる　今のうちに盗んでく るべ

そう思ってその盗人な　戸ぉそーっと開けると

抜き足　さし足　忍び足　抜き足　さし足　忍び足で

　米の入《へえ》った米櫃《びつ》はどこだべなあ　あっ　これだこれだ
米櫃の蓋《ふた》ぁ開けると　懐《ふところ》からきったねぇ袋なんぞ出してなぁ　米ぇしゃくって　その袋の中さ入れるべぇとしたその時　隣の部屋から
　「ほぉぎゃぁ　ほぉぎゃぁ」
と　赤子《ややこ》が泣いたと
　あららら　あだずねえ声で泣かっちゃでは庭の爺様と婆様に
　聞こえてしまう　なんとかあやさねば
そう言うと　急いで赤子《ややこ》の寝ているとこさ行ってな
　「れろれろれろれろ　ぱっ　れろれろれろれろ　ぱっ」
　はぁ　おとなしくなった　おとなしくなった　今のうちに盗んでくるべ

　抜き足　さし足　忍び足　抜き足　さし足　忍び足で
また米櫃のとこさ行って　米ぇしゃくって袋さ入れるべぇとすると
　「ほぉぎゃぁ　ほぉぎゃぁ　ほぉぎゃぁ」
赤子《ややこ》が泣いたと
　いやいやてぇへんだ　てぇへんだ
　「れろれろれろれろ　ぱっ　れろれろれろれろ　ぱっ」
　なんだまだ泣きやまねぇなぁ
　「いないいない　ばあ　いないいない　ばあ」
　はぁ　泣きやんだ　泣きやんだ

　抜き足　さし足　忍び足で
また米ぇしゃくって入れるべぇとすると
　「ほぉぎゃぁ　ほぉぎゃぁ」
　いやいやてぇへんだ　てぇへんだ
　「れろれろれろれろ　ぱっ　れろれろれろれろ　ぱっ」

「いないいない　ばあ　いないいない　ばあ」
まだ泣きやまねぇ
「かいぐりかいぐり　とっとのめ　かいぐりかいぐり　とっとのめ」
はぁ　泣きやんだ　泣きやんだ　今のうち

抜き足　さし足　忍び足
米ぇしゃくって袋さ入れるべぇとすると
「ほぉぎゃぁ　ほぉぎゃぁ　ほぉぎゃぁ」
「れろれろれろれろ　ぱっ　れろれろれろれろ　ぱっ」
「いないいない　ばあ　いないいない　ばあ」
「かいぐりかいぐり　とっとのめ　かいぐりかいぐり　とっとのめ」
まだ泣きやまねぇ
「ちょちちょち　あわわ　ちょちちょち　あわわ」
やれやれ静かになった　今のうち

抜き足　さし足　忍び足
米ぇしゃくって袋さ入れるべぇとするとまた
「ほぉぎゃぁ　ほぉぎゃぁ　ほぉぎゃぁ」
てぇへん　てぇへん
「れろれろれろれろ　ぱっ
れろれろれろれろ　ぱっ」
「いないいない　ばあ
いないいない　ばあ」

「かいぐりかいぐり　とっとのめ　かいぐりかいぐり　とっとのめ」
「ちょちちょち　あわわ　ちょちちょち　あわわ」
まぁだ泣きやまねぇ
「おつむてんてん　ひじとんとん　おつむてんてん　ひじとんとん」
静かになった　今のうち

抜き足　さし足　忍び足
米ぇしゃくって袋さ入れるべぇとすると
「ほぉぎゃぁ　ほぉぎゃぁ　ほぉぎゃぁ」
てぇへん　てぇへん
「れろれろれろれろ　ぱっ　れろれろれろれろ　ぱっ」
「いないいない　ばあ　いないいない　ばあ」
「かいぐりかいぐり　とっとのめ　かいぐりかいぐり　とっとのめ」
「ちょちちょち　あわわ　ちょちちょち　あわわ」
「おつむてんてん　ひじとんとん　おつむてんてん　ひじとんとん」
まだ泣きやまねぇ
「あぁがり目　さぁがり目　ぐるっと回って　にゃんこの目ぇ」
あぁおとなしくなった　今のうち

抜き足　さし足　忍び足
米ぇしゃくって袋さ入れるべぇとするとまた
「ほぉぎゃぁ　ほぉぎゃぁ　ほぉぎゃぁ」
ひゃあ　てぇへん　てぇへん
「れろれろれろれろ　ぱっ　れろれろれろれろ　ぱっ」
「いないいない　ばあ　いないいない　ばあ」
「かいぐりかいぐり　とっとのめ　かいぐりかいぐり　とっとのめ」
「ちょちちょち　あわわ　ちょちちょち　あわわ」

「おつむてんてん　ひじとんとん　おつむてんてん　ひじとんとん」
「あぁがり目　さぁがり目　ぐるっと回って　にゃんこの目ぇ」
まだ泣きやまねぇ
しゃぁねぇもんでなぁ　盗人は赤子《ややこ》ぉ抱いて
「ねぇんねぇん　ころりよ　おころりよぉ　ぼうやは　いい子だ
ねんねしなぁ」
寝た寝た
そぉーっと寝かしつけて　また

抜き足　さし足　忍び足
米ぇしゃくって袋さ入れるべぇとすると
「ほぉぎゃぁ　ほぉぎゃぁ　ほぉぎゃぁ」
ああ　てぇへん　てぇへん
「れろれろれろれろ　ぱっ　れろれろれろれろ　ぱっ」
「いないいない　ばあ　いないいない　ばあ」
「かいぐりかいぐり　とっとのめ　かいぐりかいぐり　とっとのめ」
「ちょちちょち　あわわ　ちょちちょち　あわわ」
「おつむてんてん　ひじとんとん　おつむてんてん　ひじとんとん」
「あぁがり目　さぁがり目　ぐるっと回って　にゃんこの目ぇ」
まだ泣きやまねぇ
「ねんねんよぉ　ねんねんよぉ　ねんねんよぉ」
なんだって泣きやまねぇなぁ　あ　紐があった　この紐でおんぶ
して
盗人は赤子《ややこ》ぉ背中さしょって
「ねぇんねぇん　ころりよ　おこぉろりよぉ」
部屋の中　ぐるぐるぐるぐる回りながら寝かしつけったと
「ぼうやはぁ　いい子だ　ねんねしなぁ」

まだ寝ねぇかなぁ
「ぼうやの　おもりは　どこぉへいった　あのやまぁ　こぉえて
さとへいっ…」

そこさ　爺様と婆様　戻ってこらったと　いやぁ　盗人はたまげて
なじょしたらいいかなぁ
と　あたふたしていたんだけんとなぁ　婆様はその盗人を見ると
「あーら　どこのどなただかわからねけんとも　おら家《え》の赤子《ややこ》の
守りしてくっちだのかぁ　ありがとごぜぇやす　なんだっておとな
しいと思ったら　おめぇさまがやや守りしてくっちたのなぁ　なん
ぞお礼したいけんと　何がいいかなぁ　あら　まぁ　ちょうど米
櫃の蓋ぁ開いてる　えがった　えがったぁ　ほんじは米でも持っ
てってもらぁべぇ」
とこう言ってなぁ　婆様は新しい袋持ってくると　そこさ米櫃から米ぇいっぺぇ入れて　ほぉで　盗人の背中から赤子《ややこ》ぉおろすと　米の袋しょわせて
「ありがとごぜぇやした」
とこう言って
帰してやったんだと。

おしまい。

※『子守り泥棒』に入っている遊びは、第４章の中で紹介しています。

おわりに

わらべうたにはもともと決まった楽譜はありませんが、言葉だけではとっつきにくい方のために、私が歌ってきた（関東・東北圏の）節《ふし》まわしで「楽譜」をつけました。他の地方にはそれぞれの抑揚《よくよう》やメロディがあるはずです。どうぞ、私の言葉や歌い方にこだわらずにご自分流に歌ってあげてください。赤ちゃんに合わせたゆったりした言葉を、心と一緒に届けていきましょう、それが言いたくてこの本を作りました。

もうひとつ「親」になって緊張している若い方々に、もっと「気楽に」「楽しく」子育てをしましょうよ、ということも伝えたかったのです。「気楽に」というのは手抜き子育てということではありません。子育て仲間を作ることなのです。赤ちゃんと遊ぶ方法を教え合ったり、預け合ったりする仲間を作ると、子育てがぐんと楽になります。仲間がいれば、喜びは倍増、苦しみは半減しますからね。お母さんの気持ちがラクになってくると、赤ちゃんも伸び伸びと育っていくのです。

私がかかわっている、千葉県松戸市の子育てサークル「風の子」での体験や話し合いが、この本のもとになっています。旧版『あやす・あそぶ』制作当時、ちょうど３人目の赤ちゃんを育てていた石川康代さんには、特に実際面からのアドバイスをいただきました。ありがとうございました。

2013年３月　藤田　浩子

親子で育ち合う「風の子」サークルとは…

1988 年に、千葉県松戸市で始めた自主的子育てサークルです。当時４人のお子さんの子育て真っ最中だった河上るみ子さんが、子どもも親も満足できる子育てをしたいと、仲間を募《つの》って始めたのです。幼い子を持つ親として、絵本や語りの勉強をしたい、親同士の話し合いもしたい、親が勉強している間、子どもたちにも楽しい時間を提供したい、子どもたちを預かって保育する人もいい時間を持ちたいという思いで始めた会です。まず親と保育をする人が仲良くなって共に成長しよう、そうすれば子どももしっかり成長するはずという思いで続けてきました。

子育てについて学ぶというのは、育児の知識を増やすことではありません。どんなにたくさんの育児書を読んでも、我が子の今の悩みについて書いてあるわけではないのです。育児書は一般的な問題に対する著者の考え方であり、著者の解釈です。我が子の今の悩みにぴたりとした答えを見つけ出すには、自分で我が子をよく見る力をつけなければなりません。自分で問題点を整理して、ここはあの人に相談してみよう、ここはこの本を読んでみよう、そうやって他人の力を借りながら、自分で解決できる力を蓄《たくわ》えていくのです。でもその力は、ひとりでじっと我が子を見つめていてもつきません。仲間の子育てを見たり、仲間と話し合ったりしながら身につけていく力なのです。

子育てというのは親の生き方が問われる仕事です。母親という立場だけでなく、ひとりの人間として、ひとりの社会人として、社会の中で人とかかわりながら生きていかなければ、母親という立場もまっとうできないし、子どもに人とのかかわり方を示すこともできないと気づいて、仲間と一緒に子育てをしながら、親自身が成長してきたサークルです。そして、それは今も続いています。

編著者　**藤田 浩子**（ふじた・ひろこ）

1937年東京に生まれる。福島県三春町に疎開、昔話を聞いて育つ。西小岩幼稚園などで幼児教育にたずさわって50年余り。短大・専門学校の幼児教育科講師。全国各地の幼稚園・保育園・図書館・保健所・公民館等で、若いお母さんたちにわらべうたや遊びを伝えたり、子育て講演会を行なっている。親子で育つ「風の子」サークル（197ページ参照）には立ち上げ当初からかかわり、現在に至っている。

著書

『おはなしおばさんの小道具』（正編・続編）『おはなしおばさんシリーズ』（全6巻）『昔話に学ぶ「生きる知恵」』（全4巻）『育つ・育てる』『ほしい』『おはなしの小道具セット』（①～⑤）『おばけの森』『桃太郎パズル』『こぶたパズル』ほか（以上、一声社）『絵本は育児書』『わらべうたあそびこのゆびとーまれ』（以上、アイ企画）『かたれやまんば』（全5巻）『かたれやまんば番外編』（全2巻）『エッセイ集しったかぶり』（以上、藤田浩子の語りを聞く会）『あそべやまんば』（全3巻）（むかしあそびの会）

イラストレーター　**保坂 あけみ**（ほさか・あけみ）

1964年福島県郡山市生まれ。物ごころがつく頃からマンガを読むこと、描くことに親しむ。長男の出産を機に本格的にイラストを描き始める。親子で育つ「風の子」サークルに親子で参加して以降、サポーターとして会の運営にたずさわり、現在代表を務める。

この本は、“人と人とのかかわりを育てる”シリーズ・赤ちゃん編
『あやす・あそぶ』（全3巻）を1冊にまとめ加筆した改訂新版です。

藤田浩子の赤ちゃんのあやし方・育て方
0歳からはじまる人づきあい

2013年4月20日　第1版第1刷　発行
2015年2月20日　第1版第2刷　発行

編著者　藤田　浩子©
絵　保坂あけみ
デザイン　石山　悠子
CD録音　マイクロサウンド
発行者　米山　傑
発行所　株式会社一声社
東京都文京区本郷3－11－6浅香ビル1F
TEL03-3812-0281／FAX03-3812-0537
e-mail　info@isseisha.net　ホームページ　http://www.isseisha.net/
印刷所　新協印刷株式会社
CDプレス　有限会社フェイズアウト

乱丁・落丁本はお取り替え致します。
ISBN978-4-87077-218-2　© Fujita Hiroko 2013　JASRAC出1302385-301

【館外貸出可能】
※本書に付属のCD-ROMは、図書館およびそれに準ずる施設において、館外貸し出しを行うことができます。

BOOKS

冒険迷路ゲーム おばけの森
藤田浩子・小林恭子作

A3 判
定価 2100 円（本体 2000 円）
ISBN978-4-87077-209-0
大人気の迷路ゲーム。6 枚 9 場面のカードの表裏・順番は入れ替え自由で、毎回違う道が出来、飽きない。あっと驚かせる仕掛けがある。子どもの年齢・人数に関係なくみんなが一緒に楽しめる。

のびる絵本 ほしい
藤田浩子さく・小林恭子え

19 × 24cm ／ 20 頁
定価 1260 円（本体 1200 円）
ISBN978-4-87077-197-0
読み聞かせ用伸びる仕掛け絵本。最後は天井に届く 3m40cm まで伸びる。マジックテープで表情が変わる仕掛けあり。わがまま若様が欲しい物を手に入れるための大騒動の楽しいお話。子どもに人気。

藤田浩子のおはなしの小道具セット❶
紙芝居「おばあさんとぶた」・手品「変身泥棒」　他
藤田浩子・小林恭子作

A4 判
定価 1260 円（本体 1200 円）
ISBN978-4-87077-202-1
藤田浩子さんが使っている人気の小道具をすぐ使えるキットに。横に引き出す紙芝居「おばあさんとぶた」（イギリス民話）、泥棒が娘に変身する手品「変身泥棒」（サンタクロース編も）等。

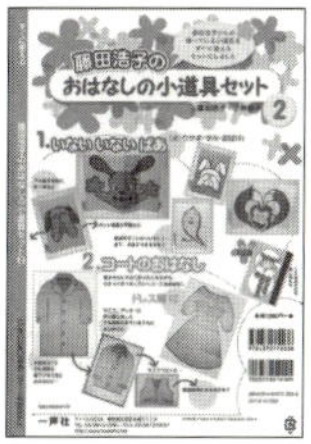

藤田浩子のおはなしの小道具セット❷
瞬間変わり絵「いないいないばあ」・紙折り話「コートの話」　他
藤田浩子・小林恭子作

A4 判
定価 1260 円（本体 1200 円）
ISBN978-4-87077-203-8
犬・ウサギ・サル・おばけが「いないいない」の顔から「ばあ」の顔に一瞬で変わる変わり絵。大事なコートをジャケットや帽子にリフォームしていく紙折り話「コート編・ドレス編」等。

藤田浩子のおはなしの小道具セット❸
紙芝居「わらぶき屋根の家」・くるくる変わり　他
藤田浩子・小林恭子作

A4 判
定価 1260 円（本体 1200 円）
ISBN978-4-87077-204-5
横に引き出して並べていく紙芝居「わらぶき屋根の家」（裏面は、わらべ歌手遊び話「林の中から」。卵→ひよこ→成鳥→結婚→卵……と 1 枚の紙の場面が変わる変わり絵（ちょうちょ編も同封）等。

藤田浩子のおはなしの小道具セット❹
紙芝居「りすとどんぐり」・手品「レストラン」　他
藤田浩子・小林恭子作

A4 判
定価 1260 円（本体 1200 円）
ISBN978-4-87077-205-2
りすがドングリを集める紙芝居は、終わりのない繰り返し話。好きなメニューを思い描くだけでピタリと当たる手品「レストラン」は、幼児から中高生・高齢者まで大喜びで大人気。

藤田浩子のおはなしの小道具セット❺
迷路「森までドライブ」・頭肩ひざポン！　他
藤田浩子・小林恭子作

A4 判
定価 1260 円（本体 1200 円）
ISBN978-4-87077-212-0
子どもとのやりとりを楽しむ「迷路遊び＝森までドライブ」。参加者全員で盛り上がる「頭肩ひざポン！」。飽きるまで楽しめるきりなし絵本「あれだけは苦手」。手品仕掛けの「大きな箱」など。

おはなしおばさんの小道具

藤田浩子編著

A5 変型判／ 80 頁
定価 1260 円（本体 1200 円）
ISBN978-4-87077-144-4
牛乳パックやティッシュペーパーの空箱・新聞紙・ハンカチ・軍手……など身近にあるもので「小道具」を作ってお話をします。27 編の短いお話と小道具の作り方。

続おはなしおばさんの小道具

藤田浩子編著

A5 変型判／ 80 頁
定価 1260 円（本体 1200 円）
ISBN978-4-87077-149-9
人気小道具の続編。4 匹の動物が入れ替わる『ふしぎな部屋』は、コピー用紙 1 枚で作ります。ひもで作るかみつきヘビ・カラスの軍手人形など。楽しいお話と小道具の作り方。

おはなしおばさんシリーズ❶
（言葉あそび）
くるりん
ふしぎことば
藤田浩子編著・近藤理恵絵

A5 変型判／ 80 頁
定価 1155 円（本体 1100 円）
ISBN978-4-87077-162-8
サルのさっちゃんと遊ぶ擬音語遊び・変身カードで遊ぶ反対言葉の他、なぞなぞ・早口言葉など、小道具と遊びながら身につく言葉。家庭でも手軽にできる言葉遊びの本。

おはなしおばさんシリーズ❷
（ふれあいあそび）
ふれあいあそび
ギュッ
藤田浩子編著・近藤理恵絵

A5 変型判／ 80 頁
定価 1155 円（本体 1100 円）
ISBN978-4-87077-163-5
わらべ唄で手遊び・膝の上で馬乗り・手をつないでお洗濯・いないいないばあ色々…。どこでも手軽にできるふれあい遊びの数々。今の時代だからこそ、親子のふれあいを大切に。

おはなしおばさんシリーズ❸
（詩で遊ぶ）
詩で
ダンス・ダンス
藤田浩子編著・近藤理恵絵

A5 変型判／ 80 頁
定価 1155 円（本体 1100 円）
ISBN978-4-87077-164-2
まどみちお・工藤直子・谷川俊太郎等の詩を使って、跳んだりジャンケンしたり、ジェスチャーしたり。詩の世界を全身で体感する、17 編の詩と幼児向・小学生向遊び方。

おはなしおばさんシリーズ❹
（おはなし小道具）
こっちむいて
おはなしおもちゃ
藤田浩子編著・近藤理恵絵

A5 変型判／ 80 頁
定価 1155 円（本体 1100 円）
ISBN978-4-87077-165-9
紙コップが赤ちゃんと 3 匹の動物に変身、6 色に変わる不思議な折り紙、かわいい羊は布人形。画用紙・手袋・うちわなど身近な材料で作る小道具が勢ぞろい。作り方とお話。

おはなしおばさんシリーズ❺
（聞き手参加＆英語で遊ぶ）
世界のおはなし
むかーしむかし
フラン・ストーリングス＆
藤田浩子編著・近藤理恵絵

A5 変型判／ 80 頁
定価 1155 円（本体 1100 円）
ISBN978-4-87077-166-6
ヨーロッパ・アフリカ・ネイティブアメリカンなど世界中のお話いろいろ。聞き手参加型・踊り・素話などジャンルも様々。英語原文付で小学生の英語教育教材に最適。

おはなしおばさんシリーズ❻
（お話＆小道具）
きいてきいて
おはなし会
藤田浩子編著・近藤理恵絵

A5 変型判／ 80 頁
定価 1155 円（本体 1100 円）
ISBN978-4-87077-167-3
0 〜 2 歳・3 〜 5 歳など年齢別にお話を紹介。ゆかいな昔話・小道具を使ったお話・手遊びなど多様なジャンルの楽しいお話満載。おはなし会プログラムとしてすぐ使える。